神秘学講義

高橋 巖

角川文庫
23605

『神秘学講義』文庫版によせて

一九八〇年に角川選書として出版された『神秘学講義』がこの度新たに「ユングと神秘学」の章を加えて、角川ソフィア文庫として出版されることになりました。初版からもう四十年以上も経った今、あらためてこの本を読んで、とても新鮮な印象を受けました。本書に一貫して語られている問題が私にとっても少しも古くはなく、逆にまったく、今書かれるべき内容だと思えました。一九八〇年という年は、大学闘争が続き、三《み》島《しま》由《ゆ》紀《き》夫《お》が晩年、時代の方向（戦後民主主義）にきびしく警告を発した頃の状況が余韻としてまだ残っていました。しかし四十年以上経った現在の生きづらさは、一九八〇年代よりもはるかにきびしく、人間の評価を優劣によってきめています。

現代を生きる人たちは、小学校時代から、いつも試験を受ける度に点数で評価され、区別されて生きています。ベーシック・インカムのような、その状況を超える試みはまだ始まっていません。

優劣の評価を超えた社会生活はないのでしょうか。

数の論理は明白で、一見平等らしく見えますが、数では見えないものがあります。本書の立場は基本的にこの問題を抱えているので、第一章でレグレッション（退行）の問題を取り上げています。

「ユングにとって退行とは、決して生物が無生物にかえりたいという一種の涅槃《ねはん》願望なのではなく、この世の現実が決してまだ人間が生きるにふさわしい現実になっていないことのあらわれなのです」（三五頁）

この本の内容は、現代の精神科学の観点から「神秘学」の思想を読み解く試みですが、現代のアカデミズムの立場から神秘学（霊学）の立場に橋を架ける試みでもありました。当時、毎年夏になるとスイスのアスコナで開催されたエラノス学会に参加して、この立場の学者たちと交流をもつことで新しい方法論を模索していました。

このたび思いがけず、ＫＡＤＯＫＡＷＡの安田《やすだ》沙絵《さえ》さんから文庫化の御提案を受けました。どの頁にも細かく目を通して下さり、文体をととのえることができました。またキリスト教学、日本近代思想史の分野でいつも大切なことを学ばせていただいている若松《わかまつ》英輔《えいすけ》さんからすばらしい「解説」をいただきました。お二人に心から感謝しております。

なお本書中にシュタイナー『神秘学概論』からの引用がありますが、まだ日本語訳の出る以前でしたので、訳文が違っていましたが、そのままにしてあります。

二〇二三年一月三十一日

高橋　巖

目次

第三章　神秘学における理性と感性

第四章　秘儀とその行法——アポロン的とディオニュソス的

第五章　ユングと神秘学

第六章　ブラヴァツキー——近代精神と神秘学

第一章　現実世界から超現実世界へ

未知への予感

フリードリヒ・ニーチェ（一八四四―一九〇〇年）は若いころ書いた有名な美学論文『音楽の霊からの悲劇の誕生』（一八七二年）の中で、哲学者であることの条件はこの世の背後に第二の、眼に見えぬ現実があるという予感をもてるか否かにある、という意味のことを書いています。予感や遠い思い出の力にうながされて、これから出会うべき未知の世界や、いつか出会ったことのある失われた世界へのあこがれを感じることは、われわれの日常生活の中でもなくはありませんが、そのような感情の高揚が認識の力と結びつくことはめったにありません。われわれの目覚めた理性や思考力は、むしろそのような感情体験をむなしい一時的なものにすぎないと教えているからです。

しかしそのような理性や思考力は現在すでに行きづまりに達してしまい、われわれはもはや理性の光に照らされた目覚めた日常の意識だけでは満足できないところにまで来てしまっている、というのが現代の精神的状況であるともいうことができそうです。われわれのひとりひとりは自分の意識の世界に荒涼とした廃墟《はいきょ》をかかえています。

けれどもその廃墟の現実感があまりに強烈で、その廃墟が真の現実を映し出してはいないのだという、この予感とあこがれとを肯定できる認識の立場を獲得することができずにいるのです。

この点をめぐって、これから皆さんと一緒に考えていきたいと思うのですが、そのための手がかりとして、ここで最初に、ゲーテの『ファウスト』第一部冒頭の「夜」の場面を思い起こしておこうと思います。この場面を読んでみますと、ファウスト、つまり百五十年以上も昔のゲーテがどんなに今日のわれわれの生き方を、人生の困窮とそれに対する神秘学的な努力とを先取りしているか、あらためて痛感せざるをえません。ファウストは、まるで現代のわれわれが立っているのと変わりがないような状況の中で、神学はもとより、医学、法律、哲学、その他あらゆる人文科学を学んだ末に、絶望的になって自殺しようとしています。自分の学んできた学問の中に、自分の内的な要求を本当に満たしてくれるものを見つけることができなかった彼は、最後には呪術《じゅじゅつ》に向かいます。そして五芒星形《ごぼうせいけい》の呪力《じゅりょく》にすがって、地の霊を呼び出します。しかし地の霊と自分との間にあまりにも大きな懸隔があるのを知って、そこでまた彼はあらためて絶望的な気分に陥ります。するとちょうどそこにワグナーという、非常に熱心な彼の内弟子がはいってきます。その部分をまず紹介してみましょう。(なお以下に引用する『ファウスト』の言葉はすべて手塚富雄《てづかとみお》氏の訳によりました)。

ファウスト（くずおれて）

おまえに似ていない？

それなら誰に？

神の似姿であるおれが、

おまえにさえ似ていないとは！

と、ファウストが思わず地霊に対する絶望のつぶやきを発した瞬間に、ノックが聞こえてくるのです。

ちくしょう！　あいつだ――おれの助手だ。

おれの最善の幸福が破られる。

霊をまのあたりに見るこの充実した瞬間が、

あの無味乾燥な、忍び歩きをする男に台無しにされてしまうのか。

というようなことを言いますと、ワグナーがはいってきまして、

ご免くださいまし、ご朗読の声が聞こえましたので。

さだめしギリシア悲劇をお読みでございましたろう。

この朗誦《ろうしょう》の術をわたくしも多少身につけたいと存じております。

近ごろはなかなかこれがもて囃《はや》されますので。
誰やらが吹聴《ふいちょう》しているのを聞きましたが、
牧師が俳優に弟子入りすることがありますそうで。

ワグナーはすべてを知的教養の意味で理解しようとしますので、ファウストは次のように言います。

それはな、牧師が俳優であるならばだ。
ときおりそこらにあることだがな。……
自分に実感がなければ、ひとを摑《つか》めるはずはない。
心の底からほとばしって、
聞いているみんなの心を
ひたむきな感動で引っ張ってゆくのでなけりゃだめだ。
真実、心から出たものでなければ、けっして心に達するものではない。

ワグナー
それにしましても、弁舌がよろしければ演説家は成功いたします。わたくしなどがまだまだ修業が足りませんことはよく承知しております。

このやりとりが見事に明らかにしているように、そもそも学問をする態度には二つの種類が考えられます。ワグナーは徹頭徹尾文献学の研究に没頭しています。彼は文献学を通して、現代の学問のすべてを身につけようとするのです。ところがファウストにとってあらゆる学問研究の意味はそれが自分の内的な要求を充《み》たしてくれるかどうかに依存しています。そして先ほど述べましたように、この内的要求が充たされないことを痛感しているものですから、ワグナーとファウストの対話は学問のあり方をめぐってこのように食いちがってくるのです。

最後にワグナーは、

はい、わたくしはいつまでも起きていて、
こんなふうに先生と高尚《こうしょう》なお話がしたいのでございますが。
ではきょうはこのへんで切り上げまして、明日は復活祭の第一日でございますから、
また一つ二つの質問をお許し願います。わたくしは熱心に研究に励んでまいりました。
だいぶ知識はもっておりますが、わたくしは一切を知りたいのでございます。

こう言いながら帰っていきます。そうするとファウストは半ばあきれ、半ば感心してこうつぶやきます。

よくまあ、ああいう輩《やから》は希望を捨てずにいられるものだ。
あいも変わらずくだらぬことにしがみつき、手を鍬《くわ》代りにして宝をかっぽじくろうとし、
そのあげく、みみずを見つけて喜んでいるのだ。
精霊の力が充ち溢《あふ》れておれを訪れたこの部屋に
あんな男の声がひびいてよいものか。
とは言っても、今夜は感謝しなければなるまい。
人間の屑《くず》のなかでも最もみすぼらしいおまえに対してな。
おれの感覚と判断をいまにも壊滅させようとした
絶望から、おまえはおれを引き離してくれた。
ああ、あの地霊の姿はあまりにも巨大だった。
おれはおれを一寸法師と感ずるほかはなかったのだ。
おれは、自分を神の似姿として、
永遠の真理の鏡のまぢかに迫ったと信じていた。……

予感にまかせて思い上がっていた。それが、なんという罰せられようだ。
雷のような一言がおれを突き落としてしまった。

彼は夜中の書斎の中でただひとり、こういう独白を続けるうちに、とうとう最後には自分のしまっておいた毒薬をとりだして、器に入れて、それを飲もうとします。しかし死のうとする瞬間に、教会の鐘がひびき、鐘とともに合唱も聞こえてきます。彼は思わず幼いころの思い出にもどっていきます。小さいときから復活祭のたびごとに教会でお祈りをささげてきた彼は、いま祈りの合唱を聞きながら、自分があらためてこの世に生きていることを実感するのです。

「人類の意識」進化史の中で

この『ファウスト』第一部冒頭の部分は、あらためて読んでみると本当にすごくて、ファウストの苦悩はちょうど現代の学問を志している人間が、やはり四十になり五十になって、依然として学問を続けているうちに感じる一種の魂の荒廃を実に的確に表現しています。ファウストは、復活祭のときに、その復活祭の雰囲気の中で、また生きようとする望みを甦《よみがえ》らせることができました。それはちょうど古来イニシエーション（秘儀参入）に際して常に中心的意味をもち続けてきた「死と再生」、「死して成れ」（ゲーテの言葉）のドラマ化であるとも言うことができます。そしてこのあと、よく知られているように、ファウストは悪魔メフィストフェレスと出会い、契約を結びますが、メフィストはこの契約を実行するために、ファウストを魔女の厨《くりや》、魔女の家の台所に連れていきます。そしてまず「魔女の九九」を覚えさせます。

汝《なんじ》、会得せよ。
一を十となせ、
二を去るにまかせよ、
三をただちにつくれ、
しからば汝は富まん。
四は棄《す》てよ。
五と六より
七と八を生め。
かく魔女は説く。
かくて成就せん。
すなわち九は一にして、
十は無なり。

これを魔女の九九という。

これについていろいろ解釈する人がいますが、ここでゲーテが言いたかったことは、数的関係を基本とする数量的な自然観に対して、まったく別な立場を暗示することだったと思います。したがってこの九九を身につけたあとで、ファウストはメフィストと一緒に量ではなく、質の世界にはいっていくのです。以上が最初に当たって、紹介しようと思ったファウストの冒頭の一節です。

このようにしてファウストは、第一部・第二部を通じて、自分がこれまで無視してきたエロスの世界のみならず、古代ギリシアの神話的世界や中世の宮廷社会を遍歴し、晩年には、現代の社会状況を映し出しているような土地開発にまで手を染めます。そして最後に、悪魔との契約上で言えば、悪魔の方が明らかに有利であるような一生を終わり、死ぬわけですけれども、メフィストフェレスは完全にファウストの魂を自分のものにできたと思った瞬間に、天上から天使たちのグループが降りてきて、ファウストの魂を天国に導いていくというかたちで終わります。このファウストのストーリーの全体を神秘学の観点から読んでみると、ずいぶんいろいろなことがわかってきます。

まず第一にゲーテが『ファウスト』の中でロゴスによる認識とはまったく異質の、

別の認識方向を考えており、この方向上に新しい世界観を打ち立てる可能性を探していたということ。第二に彼はヨーロッパの精神史、というよりも人類の意識の進化史の中で、現代が遂げつつある決定的な変化の意味を表現していたということです。人間は、千年前、二千年前と現代では意識のあり方において根本的に違っています。たとえその肉体は同じような姿をとっていても、意識のあり方は決して同じではありません。たとえば息子と父親との間で、完全にうまくは話が通じないように、たった一つの世代の違いでも大きなくいちがいがでてきてしまいますが、世代の数が二十とか三十、あるいは百くらい違ってくると、意識のあり方においてもっと決定的に、大きな違いが出てきます。とすれば、現代における意識のあり方は過去の時代のそれとどう違ってきたのか、ということが大きな問題になってくるわけです。『ファウスト』におけるこの二つの問題の中に、まず神秘学が直面しなければならない課題が提出されていると思います。

無意識の世界の認識

そこでこれから、この二つのうちの第一の、ロゴスの認識に対するソフィアの認識の問題から考えてみたいと思います。

ちょうどゲーテが生きていた一八世紀の後半期にはじめて、いったい言葉を通して認識するのが唯一の認識の方法なのかどうか、言葉に頼らない別な認識の方法はありえないのか、という問題が、この啓蒙《けいもう》思潮の全盛期に出てきました。それは、言いかえますと、理性に対する感性の学問が可能かどうかということでもあります。そしてこのことは一九七〇年前後の大学闘争のときにも、当時の学生諸君にとってまったく同じように、理性によらない、感性の学問が可能かどうかが、非常に切実なことだったのです。感性は、いったい認識の手段としていかなる可能性をもつか、という問題です。この問題が、一八世紀の五〇年代、六〇年代にはじめて問題になったのです。このことは、ゲーテも問題にしましたし、カント以来のドイツ観念論も問題にしました。そしてそれ以来、いろいろ形を変えて現代まで、同じ問題が出てくるたびに、未解決のままロゴスの学問に返っていくという過程が繰り返されてきたわけです。

そして理性ではなく、感性のために、将来にわたって一番有力な方法を提供したと思われるのは、C・G・ユングという深層心理学者です。ユングは、無意識の世界の認識をいかにして獲得するかということを、一生をかけて問題にしていく過程で、ロゴスではなく、感性による学問の方法論を確立しました。その場合、感性の学問の基本的な立場というのは、ファンタジーによる認識ということです。

たとえば論理の問題を、構想力《ファンタジー》の論理――三木清《みききよし》は晩年、構想力の論理の問題を研究して亡くなられましたけれども――、この構想力の論理と、理性の論理、あるいは言語による論理とを二つ並べてみますと、普遍妥当性を求める学問はそもそも、言葉なしでは成り立ちえない、と考えざるをえません。言葉なしではデカルトの言う明晰《めいせき》判明な思考に基づく学問は生まれませんから。しかし言葉による論理は、万能かどうか、言葉によらざる論理というものが考えられないものかどうかも、あらためて考えてみれば、いろいろな問題を含んでいます。

たとえば音楽の論理とか、造形の論理とかは、言葉によらない論理の一つと考えられますし、同じ言葉といっても、その言葉を、造形や音楽の場合と同じような意味で、構想力の論理の一つとして考えることもできます。したがって詩の論理ということになりますと、言語表現を通していわゆる概念、言葉の論理関係の他に、言葉の響きやリズム、更にはイメージによる結びつきも考えられています。ですから、同じ言葉といっても、言葉そのものの中に前述した二つの論理があるとも考えられるのです。

そこでいま問題にしたいのは、構想力の論理が言葉による概念の論理と別なところで、何を認識できるか、ということです。ユングはこの点について、非常におもしろいことを言っています。人間に内向的な人間と外向的な人間があるように、論理にも内向的な論理と、外向的な論理があり、構想力の論理は内向的であるのに反して、言葉による概念の論理は外向的な論理だ、というのです。なぜ言葉による概念の論理が外向的かと言いますと、言葉というのは、本質的に、誰か相手に対して語りかけるために存在しています。だから、なにか一生懸命ものを考えたりすると、われわれは思わずひとりごとを言ったりします。そのような場合、気がついてみると、われわれは一生懸命、自分に向かって語りかけようとしています。たとえば、どうしようかなあ、と考えるときには、もうすでに言葉で自己対話をはじめているわけです。そのように言葉というのは、自分に対しても、他人に対しても、何かを伝達するために機能しています。したがって言語の特徴のまず第一は、語りかけるということだ、とユングは考えるわけです。

その際、外へ向かってなにかを伝えようとする言葉は、常に自分の内なる心（魂）の営みに対しても特定の方向づけを与えようとしています。そしてこのことが言語の第二の特徴になっている、とユングは考えています。

第三に言語はこの方向づけを通して、思考以外の心（魂）の諸機能をある意味で抑圧しています。

言語は伝達の機能をもち、外への方向づけを行い、そしてそのために心（魂）の他の諸機能を抑圧する。この三つの特徴が言語の本質を示していると、ユングは考えています。

思考と感情、感覚と直観

方向づけというのは、どういうことかというと、首尾一貫してものを考えるということです。このことが言語にとって一番基本的な、大事なことだというのです。うっかりすると、一生懸命考えているつもりでも、自分の中での思考のあり方は、まるでかげろうのようにちらちら動いていて、ちょっとなにかのはずみに他のことを思いつくと、それまでの思考内容とは全然関係のない、とんでもないことを考えたりする、という経験は始終生じます。五分間集中して一つのことだけを考えるということは、人間にとってかなりむずかしいことで、ひとと話しているときはともかくとして、自分自身で集中的に言語的な思考をしようとするとき、うっかりすると、あっちへいったりこっちへいったり、考えが絶えず飛躍しながらいろんなことを連想していくというのが、一般にわれわれの内面生活の通常のあり方になってしまっています。それを、特定の方向へ方向づけて、他の方向へ向かおうとする思考習慣をおさえながら、絶えず一つのことに集中させようとするのが、言語という伝達機能の重要な特徴です。三段論法とか、いろいろの論理があるのはそのためで、この場合にはこうなる、その結果こうなる、ということを、首尾一貫して論理として展開するのが、言葉の一つの特徴になるわけです。このことによって、思考内容が、他の人にもわかるような一つの客観性を持って伝達されるのです。

他の機能の抑圧とはどういうことかというと、ユングは、人間の心の機能を四つに

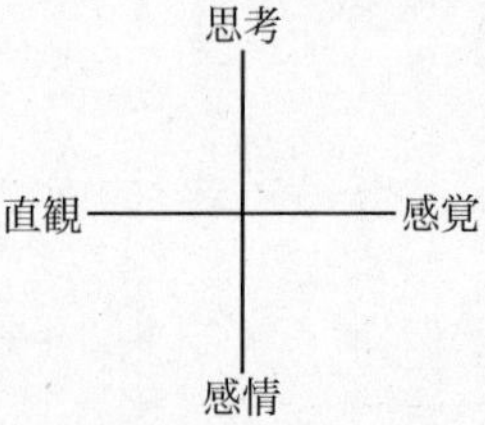

心の機能（ユングによる）

分けます。つまり思考と感情と感覚と直観。この四つはそれぞれ互いに上下左右の関係において、結びつきをもっていると考えます。

思考の働きの強い人の場合、感情の働きはなんとなくまだ十分に発達していない。同様に感覚が非常に発達している人は、その感覚の機能の発達につれて、直観の機能が衰えてくるというふうに、ユングは思考と感情、感覚と直観を互いに対立する関係と考えます。

ところが更にユングは、意識の生活において、日常の覚《かく》醒《せい》時の生活において思考の発達している人は、無意識の生活において感情が発達している、意識の生活において感覚の発達している人は、無意識の生活において直観が発達しているとも、言っています。そして、日常生活において、思考型の人があまりに思考中心に生活を行っていますと、無意識の中からその人間の気がつかない部分に非合理的な感情の爆発みたいなものが起こって、突然自分でも思いがけないようなことをすることがありうると言っています。

たとえば会社につとめている間は非常に理性的な思考型の人が、家《うち》にかえってくると、途端に非常なわからずやになってみたり、そういうことは逆に、感情が意識の表面に出ている場合にも言えることです。感情型の人は、逆に無意識の生活においては、非常に合理的な計算をやろうとしている場合があります。

感覚と直観は、一見すると同じように見えますが、はっきりと区分できます。感覚の問題は、あとでまたいろいろ取り上げるつもりですが、周囲の世界に対する感覚的知覚を鋭敏に発達させている人は、ものごとの本質をとらえる能力、ものごとの背後にかくれている本質を見ようとする本質直観の能力が少なくなりがちなので、直観型の人間は感覚型の人間のことを、あの男はいつも表面にこだわる、どこか浅薄な人物だと思い、感覚型の人間は、直観型の人間のことを、あの男は現実ばなれしている、実生活における一つ一つの感じ方がまるでなっていない、いつも夢みているような生活をおくっている、と思うかも知れません。こういう見方から言うと、感覚と直観は別な機能であり、同じように思考と感情は別の機能であると考えることができるわけです。そしてこの四つの機能のそれぞれは、それを行使する人間が外向型か内向型か、によってもさらに異なってきます。

もし思考が外向的に働き、その結果外向的な論理が人間の心の諸機能を支配するようになってきますと、その言語的な論理によってその人間の感情がまず抑圧され、さらに感覚と直観も抑圧される、とユングは言っています。これが、他の機能の抑圧ということです。

外向的な論理が働いているとき、理性がもたらすその論理の構造は次のようなかたちをとると考えられます。

ファンタジーのプロセス

まず、こちらに外界があります。われわれの環境の世界です。それが自然環境でも社会的な環境でも変わりありません。この外界と自分との境界で、われわれの感覚的な知覚が外界と向かい合っています。この知覚を通して、外界が人間の心の中にうつしだされると、そこに表象、観念、もしくは観念連合があらわれてきます。

そして、この表象に言葉が結びついて概念を作ります。何か黄色いものを知覚したときに、つまり感覚が心の中に感覚像という表象を呼び起こした途端に、われわれはそれを黄色という言葉と結びつけるわけです。そしてそれが、記憶となって心中に保存されます。

記憶は、人間の意識のおもてにいつもあらわれているとは限りません。まったく忘れてしまっていたことが、全然別の状況の下でふと、どんなことでもいいのですが、においとか、表情とか、何か記憶を呼び起こすようなものがあらわれますと、時には一年、二年、あるいは十年、二十年も前の記憶が突然心中によみがえってくるということがあるわけです。そのようにして世界内容が概念体系となって心の中に記憶され保存されています。

このようにしてわれわれが外界に対するとき、まず外界から印象が感覚的知覚を通って入ってきます。この印象は、それから、われわれの内部で表象を生み、記憶像を生み、最後に概念というかたちで人間の心の中におさまります。このようなプロセスこそ、理性による論理の根拠であると言えると思います。なぜならこの過程の中で体験された事柄が他人に伝達するのに必要な内容となったとき、それを表現するための言葉が求められ、論理が求められるからです。しかも以上のプロセスのどの部分が欠けても、言葉はそもそも機能できません。

もしこういう一連のプロセスを一方に前提とするならば、いったいファンタジーは他方でどのようなプロセスをとるのでしょうか。

ユングはこれとはちょうど正反対の、逆の方向をとる、と言います。概念へ到る方向の逆です。つまり、まず内なる世界からある情念の働きが生じます。これは広い意味の情念ですから、本能でもいいし、欲望でもいい。あるいはあこがれや不安や期待感のような感情でもいいわけです。心の無意識の奥底から、ある種の興奮が、なにか波紋のように心の表面にまで上ってきます。この動きを情動と呼ぶこともできるでしょう。内界の奥底から、ある情動作用があらわれてきます。そしてこの情動の作用が、心の中に潜んでいる記憶像と結びつきます。魂の奥底で、ある種の無意識的な要求が、これまでの人生経験が身につけたいろいろな概念内容の中のどれかと結びつき、意識の表面で表象を呼び起こします。ところがこの表象は、魂の奥底からあらわれてきた一種の記憶表象ですから、はじめの場合の外界との関連で生み出された表象とはまったくかたちが違います。後者が言語の論理的関係の中にあるとすれば、この第二の表象は、夢に似たあり方を示しています。

この表象ははじめ夢のようにはかない、非現実的な形式を示していますが、更にこのプロセスがすすんでいきますと、最後には感覚的知覚と同じくらい明瞭《めいりょう》な形式をとるようになってきます。つまり幻覚があらわれてきます。この幻覚は、まるで外界の諸対象を見るときの感覚的知覚と同じくらい明瞭なものになることもできます。ここまでくると、精神病理学で言う妄想とか、あるいはある種の宗教的な人たちが見るヴィジョンとか、幻視とか、そういうものになってくるわけです。

この二つのプロセスは図式化してみると、ちょうど逆の方向をとっていることがわかります。

一方は、どこから始まるかというと、外界から始まり、そして外界と向かい合っているわれわれの目覚めた日常的な意識が、知覚を通して、その外界の刺激を受けとると、音になり、色になり、あるいは、においや熱になり、そのようにして表象像が形成されると、それが記憶されます。そして最後に心の奥底で、特定の意味内容を担っ

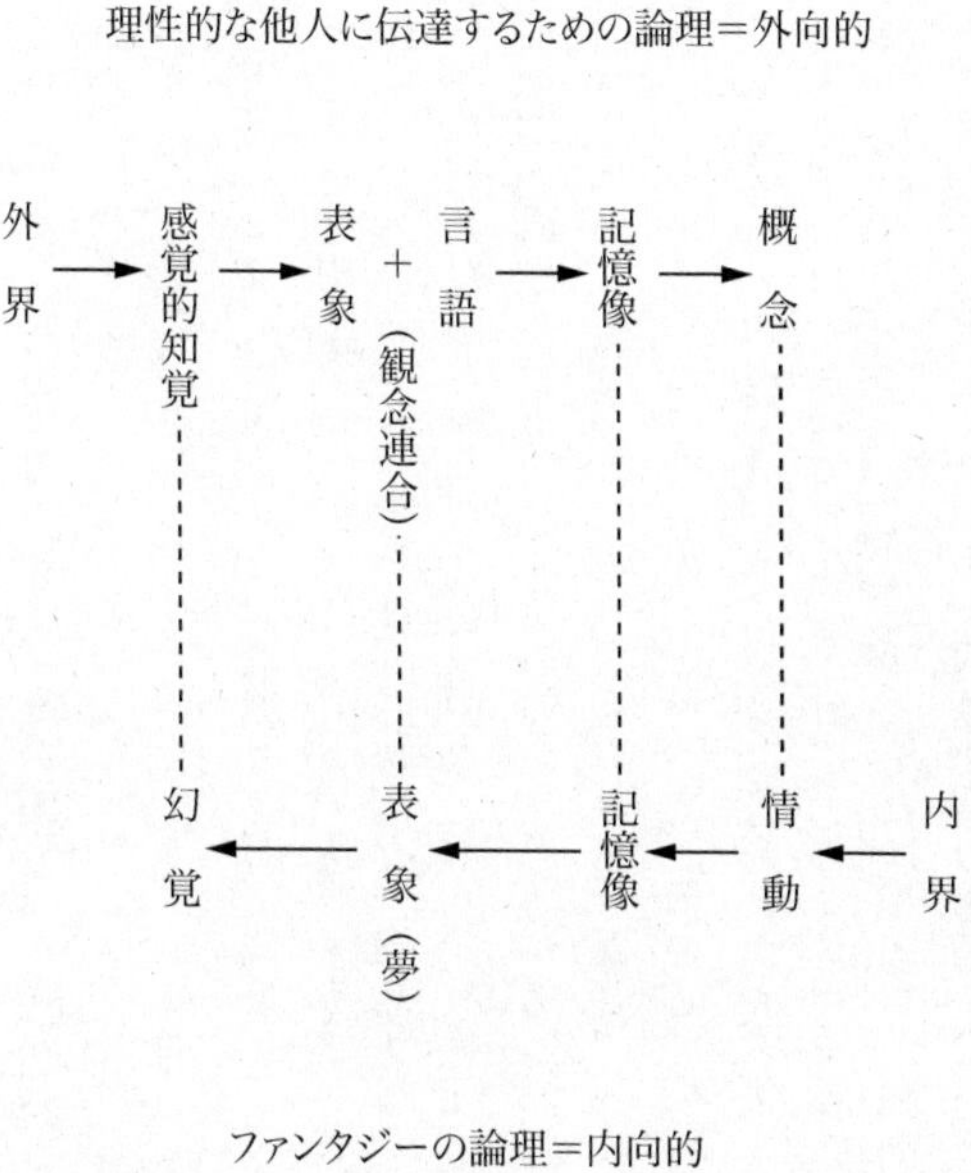

二つの論理

た概念となっておさまります。
このようにしてわれわれの内部には無数の概念が貯えられているのです。

レグレッシヴ

われわれがこのような概念をひとに伝えようとするときには、言葉を通してこのプロセスを相手に伝えるわけです。

たとえば三角形の内角の和が二直角であるという概念をある人が持ったときに、そういう概念を持っていない人にそれを伝えようとしますと、紙と鉛筆でもって、まず感覚的知覚に訴えるために、三角形を書きます。そして言語なり、数学的記号なり、あるいは補助線という図形表象なりを通して三角形の性質、その意味内容を伝えます。そしてそれらが、相手の人間の記憶にしっかりおさまったとき、その相手の人間も、三角形の内角の和が二直角であるという概念を身につけたことになるわけです。

それに対して、もう一方のプロセスというのは、先ほど述べた言語の三つの特徴を全然そなえていません。そこでユングは、こういうことを言っています。

もし言語の特徴を自分の心の中から全部とり去ってみたら、どういうことが起こるか。自分の心の営みの中から、方向性を全部とり去り、それから相手に自分の心を伝える、伝えないということを一切考えず、しかも自分の心の中に感情があらわれてくるのか、直観があらわれてくるのか、思考があらわれてくるのか、感覚体験をしようとするのか、そういうことは一切おかまいなしに、心の全体をそのまま生かしてみると、どういうことになるのか。それを一種の心理実験として考えてみます。そうすると、いろいろなイメージが心の中であらわれたり消えたりしており、そしてまるで夜、夢をみているときのように、それぞれのイメージとイメージとは結びついてみたり、反発しあってみたりしています。それは集中した理性の時間に、自分に一生懸命モノローグを語りきかせながら、言葉でものを考えているときとはまったく違った心理状態である、とユングは言っています。

このような心理状態が生み出された場合、これを生み出すものをユングは内向的な論理と名づけています。ユングはフロイトの影響を受けた人物でしたから、フロイトの用語を使いまして、外向的な論理、つまり言語の論理をプログレッシヴ、それからこの内向的なファンタジーの論理をレグレッシヴと呼んでいます。

プログレッシヴという言葉は、ジャズやロックなどでも使われていますが、前進的という意味で、レグレッシヴというのは、その逆で、退行的と訳されています。ですからさっきのファンタジーの論理は、思考における退行現象だということにもなります。フロイトは、人間の意識の退行現象をいつもネガティヴにしか考えていませんでしたので、退行的な思考過程からは何も文化を創造する力は生じない、と考えていました。しかしユングは逆に、退行的な論理は、おそらく新しい文化を生み出すときの基本的な論理になるのではないか、と考えました。

いったい退行的な論理が、どういう意味で一つの認識の道具になりうるのでしょうか。最初にある種の情動作用が心の中で起こり、それが記憶像と結びついて、夢のようなイメージ、観念を生み出す。それが更に発達してくると、まるで目の前のものを見ているのと同じような、ありありとした幻視、幻想にまですすんでくる。このようなプロセスがどういう意味で認識機能を果たすことができるのでしょうか。この点を考えるとき、前述しましたように、ユングの思考についての考え方は、新しい方法を打ちたてようとしているのではないかという気がするのです。

この点を考えるためには、フロイトの退行についての考え方と比較してみるのがいいと思います。フロイトの場合、退行とは何かというと、生物がある外的な妨害にあって、もとの状態に留《とど》まることが許されなくなった場合、そのもとの状態にもどりたいという心の働きを言うのです。一番典型的な退行現象は無生物が生物にまで進化したときに見られます。無生物がある種の外的な環境の中で生命を獲得したとき、そこに非常に大きな緊張が必要とされますから、いったんそういう緊張を引き受けた生物は、もとの無生物の状態にもどりたいという本能的な欲求を持っている。これが退行である、と言うのです。ですからこの退行の働きには、死に対する願望が結びついています。つまり生命のない状態にもどりたいと言う根本的な衝動をすべての生物はもっているわけです。人間の場合で言いますと、この退行の要求は生殖作用から独立したセックスの要求と結びついていて、セックスを通して存在の根源にかえろうとする。今までの現実社会の緊張から離れて、非日常的な快楽の世界に、セックスを通してかえろうとする。そういう要求が人間には強いから、退行とは死への願望であり、同時にセックスの願望でもあると、フロイトは言うのです。

そこでフロイトの思想では、エロスとタナトス（エロスは性愛、タナトスは死）の二つがいつも結びついて存在しているのです。一九世紀の芸術を見ると、エロスとタナトスの結びついた芸術はいくらでもありますから、現在でも、エロスとタナトスの側面から芸術を解釈しようとする傾向はずいぶん強くて、たとえばビゼーの「カルメン」のようなオペラをエロスとタナトスの観点から演出しようとするのは一般的ですし、ワグナーのいわゆる楽劇もすべてそのように解釈できるわけです。フロイトはこのような立場から、更にレグレッシヴな方向、退行的な方向は、文化や文明を生み出すことを根本的に否定する「快楽原則」の方向であり、それに対して文化や文明を生み出せるような、緊張を伴った方向は、「現実原則」がもたらすプログレッシヴな方向以外にはありえないと考えるのです。

ところが、ユングがフロイトから決定的に離れた理由は、まさにこの部分にある、と言えます。ユングにとって退行とは、決して生物が無生物にかえりたいという一種の涅槃《ねはん》願望なのではなく、この世の現実が決してまだ人間が生きるにふさわしい現実になっていないことのあらわれなのです。もっと別な、もっと祝福されたような、もっと生活のあり方が人間の内面的な要求を満足させてくれるような、そういう世界が必ずある、という発想が、レグレッションを生んでいる、とユングは考えます。ですから考え方が根本的に逆になってくるのです。

フロイトにとって現実社会に対立するものは、快楽原則の支配する死の世界と、純粋にセックス本位の快楽の世界でした。これらが現実の対極にあるものでした。

ところがユングの場合、現実に対立するものは、より高次の現実だったのです。

この世の現実の対極にフロイトの言うような快楽原則の世界があるとします。これをフロイトと共にニルヴァーナ（涅槃《ねはん》）と呼ぶこともできるでしょう。なぜなら、そこは永遠に甦《よみがえ》ることのない死の世界に通じるものなのですから。一方われわれの生きる現実世界は、フロイトにとって――彼はプログレッシヴな論理しか、現実原則を満たす論理としては、認めないわけですから――理性の世界です。ところがユングの場合には、この現実世界を表象させているわれわれの魂の奥底に、第二の別の現実世界、いわば超現実的世界への通路がひらかれているのです。それは形而上《けいじじょう》的世界とも、あるいは霊界とも呼びうるような世界です。つまり純物質的な世界、生命ある魂の世界の他に第三の霊的世界が存在しています。そしてユングがこのような三つの領域を区分するとしますと、この区分はすでに神秘学の区分である、と言うことができます。

神秘学という学問は、冒頭でふれたように、われわれの魂の故郷がこの世の現実の中にはない、という前提から出発する学問です。したがってこの世の現実ではなく、その背後にあるべき第二の現実を求め、どうしたらそれが認識可能になるか、を考えます。そうしますと、神秘学の考え方とユングの考え方と非常に共通してくるわけです。ユングも現実世界と快楽原則の世界だけにあきたらないで、別な第二の現実の世界を求めようとしました。しかしこれは感覚の世界と違うものですから、ユングはこの超現実の世界に向かい合うことのできるような論理をレグレッシヴな、つまり退行的な論理の中に求めたわけです。そして彼は三十代から死ぬまで、繰り返し、繰り返し、内面への旅を続けることによって、退行的思考を自分の中で徹底的に訓練していきました。そして自分の魂の奥底にどのような仕方で未知の、第二の客観的世界があらわれてきたかを、ずっと報告していったのです。

意識の発達史

つづいてここでもう一つ考えていただきたいのは、第二の問題点です。つまり近代科学に代表されるヨーロッパのロゴス的論理の世界を内在的に克服できるようなアンチテーゼ、近代科学の立場に対抗しうるような第二の学問上の方法論があるかどうかという問題です。このことを考える場合、第一がこれまで述べてきた、別な論理を立てる考え方でした。そのために退行的なファンタジーの論理の可能性を考える必要があったのです。しかし第二の問題点として考えていただきたいのは、歴史の流れの中での人類の意識の変化です。意識の変化ということから言いますと、ヨーロッパには東洋には全然ない見方があります。それは、ヨーロッパ精神史を考えるときにあまりに当然すぎて、かえって意識されない方が普通なのですが、しかしそれがはっきりしないと、ヨーロッパの思想がそもそもわからなくなってしまうくらい大切な問題です。

つまり人間の意識は時代と共に進化していくという考え方です。東洋の考え方は意識の発達史ということを考えないで、意識の循環、もしくは意識の先祖返りを考えます。意識の循環を考える場合には、手本がいつも過去にあるわけです。自分たちの祖先のやってきた行動のパターンがすでに与えられており、そのパターンに従って生きるということが正しい生き方になるわけです。そのパターンを理想として、それに絶えず返っていかなければならない。つまり先祖返りが求められているのです。

こういう発想の対極に今述べた意識の発達史という考え方があります。前にもふれましたように、先輩と後輩、親と子の間でもすでに意識のあり方が違ってきているように、時代の変化につれて人間の意識も変化します。そしてヨーロッパではこの変化が人類の自己実現のために、大きく三つの発展段階を通って進行するという考え方をするのです。

その三つの大きな発展の過程の第一は、紀元前ほぼ八世紀から七世紀、六世紀にかけて人類が決定的に大きな意識の変化を遂げた時までの状態です。それまでの人類は夢のような世界の中に生きていたと言うのです。当時の人間は、今の人間と違って、感覚と感情がほとんど一つでした。たとえば、非常に感じのいい部屋、立派なソファがあり、豪華なシャンデリアがかかり、すばらしい壁かけとじゅうたんとに包まれた部屋にいるとしたら、そして感覚と感情とがひとつだったら、そこにいるだけでいい気分になれるわけですけれども、今の人間はそういう部屋に仮にいたとしても、心に心配事があったら、決して楽しくはならず、それだけでは自分のその心の苦しみから抜けだすことはできません。環境と人間の間にひとつの断絶があるわけです。ということは、人間の感情生活が現在の環境から独立した営みを持っているということです。しかし小さな子ども、たとえば幼稚園に通っているような子どもは、その家庭環境への依存度がおとなの場合よりもはるかに大きいと言えます。家庭の雰囲気が明るければ、明るい落ちついた内面生活を保つことができます。ところが家庭にもめごとが絶えなかったり、不幸だったりすれば、その子どももどこか不幸な表情を示します。子どもというのは、環境と自分の内面生活との間の境がおとなのようにはっきりしていません。それだけ外界と自分との結びつきが強いわけです。

環境だけではなく、対人関係についても、似たことが考えられます。たとえば自分に対して非常に悪意を持った人間があらわれてきても、今の人間はそんなに敏感には反応しません。ですから、いきなりどなられたり、殴られたりした途端に、相手が自分に対して悪意を持っていることがわかった、というようなことにもなります。しかしある種の動物、たとえば馬とか犬とかは、人間以上に人間の心の動きに対して敏感に反応できます。

このような意味で、夢の意識を持った古代人の心は、外的環境に対しても内的情動世界に対しても、現代人よりはるかに開かれており、したがって感受性も敏感だったと考えられます。しかしそのかわり、論理的な思考の方はまだ十分に発達しておらず、したがってエジプトの『死者の書』やホメロスなどが示している心象風景は、夢の世界に近いイマジネーションの連続から成り立っています。この夢の世界が知的にだんだん明るくなり、感情も独立して発達してくるのが、ヨーロッパでは、古代ギリシアのソクラテス前派からソクラテス、プラトンの時代であって、このころ人間の意識の中にまったく新しい理性の力が目覚めてくるわけです。

この夢の意識の時代のことを、一二世紀末にイタリアでシトー派の修道院長をしていたヨアキム・ディ・フィオレというキリスト教神秘主義者がはじめて取り上げました。彼は自分の神秘体験に基づく歴史哲学的な観点から、これを父の時代と名づけました。

父の時代、子の時代、聖霊の時代

父の時代というのは、旧約の時代のことでもあります。

旧約の時代は、旧約聖書に描かれているように、神が人間に守るべきおきてを課して、これこれをしてはいけない、とか、これこれをすべきだとか命じました。モーゼの「十戒」が一番典型的な例ですけれども、おきてを立て、おきてを守らない人間に対しては罰を加えるというように、この時代は神の権威と罰の恐怖によって、神が人間を指導しようとした時代だ、とヨアキムは言っています。この時代には必ず神意を代表する権威者がいて、その権威のもとで人間たちが社会生活を営んでいました。なにをしたらいいか、なにをしてはいけないかについては、権威をもった祭司、君主、族長、または家長が命令を下し、それを守らなかった人間は、罰せられなければいけなかったような、そういう時代だと考えたのです。

これに対して、第二に、理性が目覚めた時代が来ます。つまり紀元前七、六世紀ぐらいから、紀元一三、四、五世紀、ある場合には二〇世紀まで続いている時代です。ルドルフ・シュタイナーのような偉大な神秘学者も、この転換期を一五世紀と考えています。つまり古代ギリシアのアルカイック期からローマ＝アレクサンドリア時代、キリスト教時代を通過して近世初頭にいたる約二千年間が、ヨアキムの言う子の時代に当たります。子の時代、つまり新約の時代は、恩寵《おんちょう》と教化というのでしょうか、すぐに人を罰したりするのではなく、むしろ罪を許すことが、人間を教化するには大切なのであり、同時にひとりひとりが本当に納得できるように、こうしてはいけない、なぜならこういうことをしたらこうなるから、というように、ひとりひとりの人間の内面的な生活にまで立ち入って指導することを心がける、そういう時代が「子の時代」なのだ、とヨアキムは言っているのです。

第三の時代というのは霊的意識が個人の内部だけでも体験できる時代です。ヨアキムは、第二の「子の時代」が更に進化していくと、「子」なる神ではなくて、霊的な意識そのもの、つまり「聖霊」を、各人が自分の内部に、それぞれの仕方で、見出《みいだ》すことのできる時代が来る、と言っているのです。聖霊の時代、第三の時代になりますと、恩寵と教化ではなくて、愛と自由とが支配する時代になります。その時にはもはやキリスト教の教会も必要ではないし、聖書も必要ではない。もちろんあればいいにきまっていますけれども、そういうものが有害だということではなくて、かつてのようには決定的な必要性をもたなくなるというのです。

あるいは祭壇や儀式も、個人の精神生活にとって以前よりも重要ではなくなります。重要なのは、ひとりひとりが自分の内部に眼に見えぬ祭壇を作ることです。ひとりひとりの人間に、一切の聖霊の働きが内在化しているとすれば、自分の内部を探究していくと、自分の内部から必要な行動の指針が必ず出てくるはずです。かつての時代は、誰か偉い先生に質問して、そしてその先生の言うとおりにやればまちがいなかったわけですけれども、第三の時代になりますと、誰かそういう権威者に頼って生きようとしても、それでは生きられないような状況に直面せざるをえなくなるときがきます。

たとえば、マルクス主義者がソ連の言うことをそのまま鵜呑《うの》みにしていればよかった時代はもう来ません。ソ連派と中共派にわかれるとか、あるいは共産党と反共産党にわかれるとかいうときには、ひとりひとりが自分の立場を自分の内部で自分から作っていかざるをえないわけです。このような時代を、ヨアキムは、愛と自由の時代と名づけています。

ヨーロッパ近世の重要な思想には、意識的にせよ無意識的にせよ、この三つの意識の発達に関する思想がその基礎にあるのです。

エンゲルスの『空想から科学へ』の最後に出てくる「自由の王国」のあの自由は、ヨアキムが言っている「愛と自由」の自由ですし、ナチスの「第三帝国」という言い方も、ヨアキムの終末論的な千年王国に当たる第三の時代の王国という意味で用いられていると考えられます。

ヨーロッパで「第三」という時代概念を使うときには、そういう意識の発達史が前提になっているわけです。普通はこれを白魔術的な意味で人類の進化のプロセスとして考えるのですが、ナチスのように黒魔術的に把《とら》える場合も出てくるのです。黒魔術というのは、それ自身独立したものではなくて、黒魔術の儀式を見れば必ずそうであるように、白魔術をいつでも前提としており、ただそれを逆にしているにすぎません。ヒットラーもまた、こういう歴史認識もしくは神話認識をふまえて、それを逆に利用して「第三帝国」と言うわけです。

三分説と神秘学

そして冒頭に引用したゲーテの『ファウスト』こそ、この自由と愛の理念を扱った記念碑的な文学作品であると言うことができます。またドイツ観念論の哲学も、フィヒテの「自我」論にしろ、シェリングの自由論にしろ、ヘーゲルの歴史哲学にしろ、ヨアキムの理念に貫かれていますし、挙げていけばきりがないのですけれども、ユイスマンスの『彼方へ』という小説にも、ヨアキムのことがずいぶん詳しく出てきます。それからカンディンスキーの抽象芸術運動の出発点での動きにも、第三の霊的意識の時代に見合った芸術を自分たちがつくるんだということがはっきりと意識されていました。ですからカンディンスキーの著書『芸術における霊的なもの』を読みますと、はっきりヨアキム主義の立場が表明されています。

この三つの意識の発展段階を神秘学との関連の下に考えてみると、この発想が神秘学の本質に根ざしたものであることが理解できます。あのユングにおける意識界と個人的な無意識界と集合的無意識界の三区分、それから今のヨアキムにおける父の時代と子の時代と聖霊の時代の三区分、いずれも三つの区分から成り立っています。そして神秘学の論理は、対象を三つの部分に分けることから始まるのです。

「三分説」の立場こそ神秘学の根本なのです。ですからブラヴァツキー夫人というヨーロッパ一九世紀最大の神秘学者で、神智学協会を創設した偉大な女性（本書の第六章参照）の書いた『ベールをとったイシス』という有名な二巻本の大著を見ますと、自分の言いたいことはただ一つで、三分説を知ってもらいたいためにこの本を書いたのだと言っています。何度もそう書いています。なぜ三分説がそれほど大切なのかというと、存在を考えるときに、物質と心、物質と意識、または肉体と魂、こういうふうに二つに分けて考える場合、その立場は神秘学に行きつくことがないからです。この発想の上に立ちますと、神秘学をどうしても認めることができなくなります。したがって神秘学を否定しようとする立場は常に二分説であり、更にそこから派生してきた唯物論なのです。

肉体と魂という言い方は、ヨーロッパの慣用句になっています。昔、芦田均《あしだひとし》氏が総理大臣になったときに、国会で演説して、自分は自分の肉体と魂のすべてをかけて国のために働くと言いました。それを聞いた新聞記者は芦田均のヨーロッパ的な発想が出ている、と書いていました。ヨーロッパ人は何かを全力投球しようとするときに、肉体と魂をもって、と言うのです。

その場合の肉体と魂という言い方はキリスト教的な考え方から来ています。しかしそれは原始キリスト教以来のキリスト教本来の考え方というよりも、キリスト教が国家権力と結びつき、コンスタンティヌス大帝とかユスティニアヌス大帝とかを通して、ドグマをつぎつぎに作っていった過程で、できてきた考え方なのです。この考え方からしますと、肉体はもちろん肉体ですが、魂というのは感情のような、単なる主観的な働きとされます。その主観の中には悟性《ごせい》の働きも含まれていますから、悟性と感情とが共働した働きになるわけですけれども、悟性プラス感情としての魂というのは、本当の意味で、真理に対する認識能力をもってはいないのです。魂と肉体だけで生活すると、迷える小羊になってしまいます。つまり救われない存在になってしまいます。救われるためには、教会に属さなければなりません。ですから教会という共同体がどうしても必要になります。そして教会という共同体に属さない人間、たとえば未信者であるアメリカの先住民とか、東洋の回教徒や仏教徒とかはみんな迷える小羊であって、そのままでは救われない存在になってしまうわけです。たとえ同じように肉体と魂を持っていても、それだけではだめで、教会に属して教会に忠誠をちかったときにはじめて、恩寵として、客観的な真理、つまり霊界の認識が伝えられる、というのです。これが肉体と魂という「人性二分説」の本質です。

「二分説」を超えて

ところでこの考え方は、もっと徹底させていくと、もし魂が主観的な働きしかすることができないのなら、人間にとって客観との関わりはむしろ肉体が受け持つことになるのではないか、という発想に行き着きます。そうするとこの二分説は唯物論的な肉体一元論の生みの親である、と言うこともできると思います。つまり物質がすべてであって、心とか魂とかは物質の所産にすぎない。脳細胞という物質が心や魂の動きを生み出しているのだ。だから脳が交通事故かなにかで傷害を受けると、心が機能しなくなる。それが物質である脳細胞が機能しなくなった結果であるということこそ、心や魂が肉体という物質に依存していることの何よりの証拠ではないのか。そういう発想が必ず出てくるのです。したがって人性二分説から次に出てくるのは、必ず唯物論なのです。そして、実際にヨーロッパ精神の発達史をみますと、一八、九世紀に唯物論が起こっていますが、それに対する本当に有効な批判的観点が二分説の立場からは出てくることがなく、いまだにわれわれの発想の根本には唯物論があるわけです。肉体が消えたら、魂は存在しえないという発想は、反論する余地がないくらい確かに見えるわけです。

二分説の立場に立つフロイトも、プログレッシヴな、要するに唯物論的に物質とかかわっている言葉の論理を認識の手段として認めましたが、レグレッシヴな、物質とかかわらない魂の奥底から出てくる内容の中に客観的な霊的真実を見ることができませんでした。それは肉体と魂という二分説の袋小路《ふくろこうじ》から抜け出すことができなかったからにほかなりません。

とはいえフロイトにとっては肉体がすべてなのではなく、彼は心の病いから肉体の疾患が生じる可能性を知っていました。身体が健全でも学校に行きたくない子どもに蕁麻疹《じんましん》が起こったり、頭痛や発熱が生じたりするということは、必ずしも心が肉体に全的に依存しているのではなく、逆に心が肉体を支配することもありうるということの何よりの証拠だと考えていました。しかしその心は主観的であるにとどまり、形而上的な第二の客観的世界を分有しているという考え方に立つことはできませんでした。

人性三分説の立場に立つと、まったく新しい発想が可能になってきます。そこでは、人間の本性における魂と肉体ではなく、霊と魂と体の三領域があらためて問題になってきます。いったい霊と魂とは、人間の存在を構成する部分として、どう異なるのか。体と魂との関係はどうなのか。本当に脳細胞が破壊されたら、魂は機能しないのか。これらの問題が、霊、魂、体の問題として出てくるわけですが、これらの問題は次章であらためて取り上げようと思います。

第二章　霊的感覚論——霊・魂・体の問題

霊・魂・体

霊、魂、体という三つの言葉で人間の存在を把握しようとする場合、ここからさまざまの問題を展開させることができますが、それらを更に立ち入って考察する前に、ここで霊、魂、体という言い方そのものにふれておきたいと思います。普通、学問の用語としてはこういう言い方をいたしません。霊（ドイツ語の Geist 英語の spirit）のかわりに精神、魂（ドイツ語の Seele 英語の soul）のかわりに心、または、一般に学術用語は二つの漢字の組み合わせを好みますから、心理という言葉を使います。体という用語も単独で使うことは比較的少なく、身体とか肉体とかいう二字から成る言葉を使うわけです。

それならば、精神、心（理）、肉体または身体という言葉を使わないで、なぜわざわざ霊と魂と体という聞きなれない言葉を使うのかと言いますと、いくつかの理由がありますが、その理由の一つは、精神と心という二つの概念が、哲学でも心理学でも非常に曖昧《あいまい》に使われているためです。大抵の哲学辞典などをひくとわかりますが、ガイストもスピリットも精神とも心とも訳されていますし、同じようにゼーレ、ソウルもしくはマインドも、精神とも心とも訳されているのです。二分説の立場に立つときには、精神と心をそのように曖昧にせざるをえません。一方に身体もしくは肉体があり、その一方に心もしくは精神があることになります。しかし三分説に立つ場合には、肉体以外の部分をこのように一つの概念にまとめてしまうわけにはいきません。この部分を厳密に考えていかなければ、問題は展開しません。霊と魂とはそれぞれ独立して固有の領域をもった重要な概念です。

しかしこの点に立ち入った考察を加える前に、体（身体もしくは肉体というときの体そのもの）にふれておきたいと思います。この言葉も非常に曖昧に使われていると思うのです。体は特に戦後の実存主義とか、それから存在論の領域でも、好んで使われるようになってきた概念です。メルロ＝ポンティも身体もしくは身体性という概念に重要な意味を与えています。身体の意味を哲学的に解明しなかったら、結局は冷たいロゴス的な論理と概念の世界に、哲学が自分を押しこめてしまうから、もっと広く哲学の領域を開放して、身体の領域にまで問題を広げなければいけないというのです。けれども意識の問題としての身体の問題そのものは、そう簡単に説明がつくものではありません。われわれの身体は、それ自身が決して自己同一性を保ってはいないからです。

ところが一般に肉体や身体の問題を思想の問題としてとり上げ、「肉体の思想」について考える場合、その肉体は、自己同一性をもった肉体や身体であるかのように考えるのが、普通なのです。

たとえばわれわれが、ヨーロッパ文化を吸収しながら日本古来の伝統をもなかば無意識に背負い続け、日本人とは何かがわからなくなってしまうようなときに、日本人としての自己同一性をとりもどさなければいけないとか、あるいは黒人が黒人としての主体性を確立するために、黒人としての肉体をとりもどさなければいけないとか、そういうかたちでもこの問題は出てきます。ジャズやロックが頭の文化ではなく、肉体の文化を求めるとき、その肉体というのは、自己同一性を保っている肉体のように思えます。

ところが肉体というのは、決して矛盾なしに調和して存在するものではなくて、そもそも肉体くらい矛盾だらけの存在はありません。ですから肉体は決して、たとえばセックスによって代表される統一体ではなく、互いに自律的に作用する三つの部分の結合体です。すなわち、㈠神経感覚系を代表する頭部、㈡循環系を代表する胸部、㈢代謝系を代表する腹部の三部分です。

ルドルフ・シュタイナーは神秘学の立場から更に神経感覚系を十二の感覚作用に、そして循環系と代謝系を七つの生命作用に区分し、これらがわれわれの意識活動に及ぼす影響を論じています。すなわち、㈠呼吸作用、㈡熱作用、㈢栄養作用、㈣成長作用、㈤保身作用、㈥排泄《はいせつ》作用、㈦生殖作用。以上がその七区分です。なおシュタイナーの考え方からすると、両手は頭部に、両足は腹部に属することになります。

つまり神経感覚系は中枢神経から頭脳の働き全体、その頭の働きの表現手段としての手の働きを、循環系は呼吸、体液の循環その他の胸部の働きを代表するのです。それから代謝系は胃や腸から下肢の部分に至る消化・排泄器官や性的器官の働き、並びに運動作用を中心にした下半身の部分を考えます。そしてこの三つは、同じ肉体に属していながら、それぞれまったく異なった固有の働きをしています。

人間の認識

たとえばわれわれがなにか知的な活動をしようとする場合に、その知的なエネルギーと性的なエネルギー、あるいは新陳代謝のエネルギーが、同じ生命のエネルギーでありながら、プラス・マイナスの関係になっていることが、経験的にもわかります。熱病で苦しんだり、成長や生殖作用が行われたりしているときには、思考力が減退します。逆に思考力を集中的に行使すれば、新陳代謝の機能は低下します。ですからそれ自身の中に神経なり、循環組織なり、新陳代謝なりを持っている肉体がいったいどういうかたちで、ひとつの調和を実現することができるのか、思考、感情、意志と肉体との関係をどう考えたらいいのか、この点が肉体の思想における重要な問題になるわけです。いまはそれを問題として一応提出しておくに留《とど》めて、われわれの体的存在が決して単純に、身体なり肉体なりという言葉ではつかめないということを、ここで強調しておきたいと思います。

同様に魂もまた肉体以上に、たとえば詩人が、天のように高く歓喜するかと思えば、死にたくなるまでに絶望する、というような（これは『ファウスト』の中の言葉ですが）言い方をする場合にしても、あるいは同じ『ファウスト』の中から引用すれば、自分の魂の中には二つの部分がある、天使の部分と悪魔の部分だ、という場合にも、魂そのものが決して統一したあり方をしていないことを語っています。

いったい人間という、肉体においても魂においても矛盾だらけの存在が、どういう意味で個体という統一体と考えることができるのか。それぞれの部分が互いに矛盾している中で、いったい人間とは何か。あらためてこの点を考えていく過程で明らかなことは、現在われわれが人間として、この瞬間に生きている存在の仕方そのものが、決して本来のありうべき状態にあるとはいえない、ということではないかと思うのです。

ですから「人間よ、汝《なんじ》自身を知れ」という古代ギリシア以来の自己認識の要求に際しても、今の自分を反省して、その自分をできるだけ正確に把握するということだけでは、決して本来の自己を認識したことにならないのです。

あるプロセスの中で、自分がどこから来てどこへ行こうとしているのかという観点から、つまり自己反省ではなく、自己実現もしくは自己変革の観点からとらえていかないと、人間を認識したことにならないという感じがするのです。

「霊とは何か」

それでは霊と魂とをどう区別するのか、この点もここで簡単に触れておきますと、魂とは自我の働く座である、と考えられます。そこにおいて自我が自己をあらわすことのできる領域、であります。したがって魂の一番基本的な営みは何かというと、自分以外のもの、外なる対象に対して、それが自分（自我）にとってプラスかマイナスか、自分にとって共感が持てる対象か、反感の対象かというかたちの反応の仕方です。共感の持てるものに向かっては魂は限りなく広がっていきますし、それから反感しか持てないようなものに対しては、できるだけそれから離れようとして、しりぞきます。そういうふうに広がってはしりぞき、拡大しては収縮する、そういう働きを魂は持っています。そしてその中心に自我が位置しているのです。

霊というのは、それとはまったく違う働きです。神道で「一霊四魂」といって、ひとつの霊に対して、和魂《にぎみたま》、幸魂《さちみたま》、奇魂《くすみたま》、荒魂《あらみたま》という四つの魂を考える考え方はまったく神秘学的な考え方です。そこでは魂がシンパシーとアンティパシー、共感と反感の観点から四つのかたちでとらえられています。

スピリット、つまり霊についていえば、これは非常にとらえがたい問題です。従来スピリットを何らかの実体をもった存在と考える場合、学問はこれを価値の総体と考えてきました。特に文化価値の総体をスピリットと名づけてきました。

ですから精神科学という学問にとっての精神とは何かというと、人間が文化的な活動を通して作りあげてきた価値、つまり歴史が創造した価値の総体であったのです。

ですから精神科学を研究するということは、文芸学を研究したり、芸術史を研究したり、倫理学を研究したり、あるいは宗教学を研究したりすることでもあります。つまり太古から現代まで人間がつくりあげてきた文化的価値を研究するのが精神科学であって、ここでいう霊学の研究が精神科学なのではありません。別な場合を例にとれば、精神分析という場合の精神とは何かといえば、この場合には、いま述べた魂のことになります。魂を、精神分析では精神というのです。

ですから精神病というときの精神も、スピリットではなくて魂です。魂の共感と反感をめぐる諸機能が正常に働かない場合、精神病という言い方をするのです。

それでは神秘学にとってスピリットとは何かといえば、大雑把な言い方ですが、目的と愛の根拠です。

魂がある目的を実現しようとして働く場合、その魂のあり方の中に、霊的な働きがあると考えます。同じように、性愛の意味の情動作用とは別に、人間が自分自身以上に他者を大切にし、その他者の中に自分が帰依しようとする働きを持つ場合、そこにも霊的な愛の働きがあると考えます。この意味で霊とは何かを考える学問、つまり「霊学」は、神秘学のもっとも重要な部分です。これから各章を追って霊学の内容を詳しく述べていくつもりです。

三一頁の図式で言いますと、内界の部分に霊的な世界があり、外界の部分に体的な世界があり、そしてその内的な霊界と外的な体の世界、物質界との間に、魂がいろいろな働きをしている、と言うのです。

体と魂との共働

そこで「霊」そのものを論じる以前に、これから魂についての話をもう少しつっこんで論じておきたいのですが、三一頁の図式をあらためてごらんになってみてください。片方にプログレッションの、あるいはプログレッシヴな思考のプロセスとして、感覚的知覚、表象、記憶像、概念というひとつの流れを考え、その一方で、レグレッシヴな思考として、情動が働き、記憶がよみがえり、表象が生まれ、幻覚が最後にあらわれてくるという、退行的な流れを考えたわけです。

この図式は、決してこんなふうに簡単な説明で済ませられるものではなく、感覚的知覚の部分だけをとりあげても、大変な問題が含まれています。

そこでまず「感覚的知覚とは何か」ということを考えた場合、当然問題になるのは、感覚的知覚が、外と内との間の境域をあらわしているということです。ちょうど建物で言いますと、一つの部屋と一つの部屋の間にあるしきいのような境界をあらわしていて、この境界の外側には外的な世界があり、内側には内的な魂の世界があり、その境目に感覚的知覚があると考えられます。そこで大切なことは、感覚的知覚を肉体だけでは決して生じさせることができないという事実です。もしふつう知覚心理学で考えているような肉体の働きだけで知覚活動、あるいは知覚の像があらわれることができるとしたら、どういうことになるでしょうか。非常に奇妙なことになってしまいます。

たとえばカメラを例にとりますと、人間の眼とカメラとは機能の上で非常に似ているところがあります。まずレンズが眼球に当たります。そして眼球を通して外からくる光が倒立した像を網膜に映し出すのは、カメラの感光板のフィルムに外からくる光が倒立した像をうつしだすのと同様です。ところがこんどは神経を通って脳の中枢に達しますと、そこで何らかの働きが生じて、知覚像を生み出すわけですけれども、大脳生理学とか知覚心理学の専門家にきいてみても、大脳の中枢に達するプロセスまではわかるのですが、それが像として意識できる意識化のプロセスがどうなっているのかということになると、それはまだまったくわかってない謎の部分なのです。

この二つのプロセスの間には決定的な断絶があるのです。カメラがフィルムに客観的な外からの光の像をうつし出すとしても、それがうつし出されているということを、誰が知るのか、ということになると、それはどんな場合にも人間以外の存在ではありえません。カメラ自身は、自分が何をうつしだしているのか、全然意識していないのです。

そうしますと、肉体の組織だけをとりあげて、その構造の中から感覚的知覚を説明しようとしても、全然できません。体の部分プラス何かが感覚的知覚に加わってなければならないはずですが、それが何であるのかは全然わかっていないのです。

そこでこのはっきりわかっていない部分を神秘学では、肉眼では捉《とら》えられないにしても、肉体同様に現実に存在する「魂」の作用によるものと考え、体と魂との共働によってはじめて感覚的知覚が成り立つ、と考えています。そして体と魂が感覚を生み出すためにどういう働きをするのかを考えるわけです。

表象とは何か

感覚的知覚を離れても、独自に映像を生み出す能力を表象といいます。この表象とは何かということをあらためて考えてみると、表象もいろいろな点で、曖昧であり、謎にみちています。表象は、人間が知覚活動から離れたところで、心の中に生じさせたイメージなのですが、目の前に対象があって、感覚がその対象に向かい合っているときにその対象をイメージとしてつくりあげるものは、表象というよりも、むしろ感覚的な知覚像です。しかし、その対象からいったん離れて、直接知覚活動をもつことなく、以前の知覚体験を思い出したときのそのイメージは表象そのものです。

そうすると表象というのは、記憶とほとんど同じことになってきますが、たとえ目の前に、黒板なら黒板というものがあって、われわれがそれをいま見ているとしても、その場合われわれの見ている黒板は、感覚的知覚であると同時に表象でもあると言えないことはありません。なぜならわれわれは絶えず、五分前の黒板のイメージ、あるいは一分前の黒板のイメージと、いま見ている黒板のイメージとをてらしあわせて比較しているのですから。いわば日常生活の場においては、表象と感覚的知覚とが同時に働いて、一般に知覚像と呼ばれているものが成立しているということさえできそうです。同時に表象と感覚的知覚とが共に現在働き、更にそこに絶えず記憶の思い出が結びついています。たとえば別のクラスの黒板だとか、小学校のときに勉強した黒板だとか、いろんな黒板が現在の黒板の知覚像にかさなって結びついていますから、その関連の中で、この黒板は小さいとか、きれいとか、いろいろ黒板についての判断ができるのです。そして更に、概念としてもわれわれは黒板を把握しており、どういう条件がそなわれば黒板なのか、ということを知っていますから、白墨がなかったら、どこかへいって白墨をとってくるとか、黒板ふきをもってくるとか、そういう概念による判断が働きます。そのようにして感覚的知覚と思われている部分にもすでに概念、記憶、表象、感覚的知覚が共に結びついていることになります。

そこで今度は三一頁の図式を離れて、別の図式をかいてみます。それはどういう図式かというと、一つの方向に意識の流れが流れていると考えます。この意識の流れはプログレッシヴな流れです。一方が過去で、他方が未来の方向です。そしてこの流れを、今述べた知覚、表象、記憶、概念、判断のすべてを含むものとして、仮に表象という言葉をとって呼ぶとしますと、この表象、もしくは表象と判断とが、過去から未来の方向へずっと流れているわけです。そしてその中で生活を、目覚めた覚醒《かくせい》生活を、われわれは営んでいるわけです。

しかしこの表象の流れは、必ずしも意識にいつものぼっているものだけの流れであるとは限りません。今は全然意識にのぼっていなくても、われわれの魂の中にはいろいろな表象が貯えられています。今は思い出していないけれども、思い出すことがいつでもできる表象があるのです。それから思い出そうとしてもそのきっかけがないために、今すぐには思い出せず、どわすれしてしまっているけれども、実は知っているんだというような表象もあります。

したがってこの流れは、意識そのものの流れとはいえません。意識は現在の瞬間に、そのつど表面に現れてくる流れであって、表象の流れのある特定の部分が顕在化しているときに、本来の意識活動ということが考えられるのです。それでは表象の流れの中で、この意識活動はどういう仕方で生まれてくるのでしょうか。表象の流れと意識とはどういう関係をもっているのでしょうか。

この点を考えるとき、ここにわれわれがすでに知っているもう一つの流れがあったわけです。それはどういう流れかと言えば、内界から幻覚を生み出す方向の別な流れであって、それはレグレッシヴ（退行的）という言葉で表現されていました。これをあらためて考えてみますと、これもまた意識活動、あるいは表象活動に関係していきます。

いったいこの図式の中でレグレッションはどういう位置づけをすることが可能でしょうか。レグレッションの出発点には情動が出てきました。そうするとこの図式の中においても、情動の働きを考えなければならないわけですけれども、そもそも情動（英語の emotion）とは何なのでしょうか。

情動の働き

情動とは具体的に言いますと、たとえば不安とか、あこがれとか、希望とか、欲望とか、絶望とか、そういう種類の魂の働きです。神秘学はこのような魂の働きを、表象と並んで人間の意識を成立させる際の決定的な要素であると考えます。しかも情動の働きは、表象とは反対に、未来から現在へ、あるいは未来から過去の方へと流れていく流れである、と考えます。これはどういうことかというと、たとえば感情の非常に大きな体験をもったとします。たとえば大学受験に合格したときの感情の体験を考えた場合、あるいは同じような、なんでもいいのですが、何か特別のクィズにあたったということでもいいし、あるいは逆に骨折して非常に痛い目にあったということでもいいのですけれども、そういう体験があった場合、入学したという体験は、そのときは大変に嬉《うれ》しいかもしれませんが、それが一年たち二年たちしますと、喜びがだんだんうすれてきます。そして十年くらいたつと、たしかにあのときは嬉しかったはずだ、という記憶はあっても、合格した瞬間のとび上がるような嬉しさはもうそのときには消えてしまっています。としますと、それは過去から未来の方に時が流れていく、その流れにのった体験ということになるわけです。

　ところがピアノが好きで、二十歳のころはピアニストになろうとしていた人がいたとします。そのときその人は、自分がこの世に生きている意味は音楽をやることにある、と考えていたとします。ところがたまたま何か外的な事情があって、それが妨げられたとします。そうしますとピアニストになれなかった思いは、五年たち十年たち、

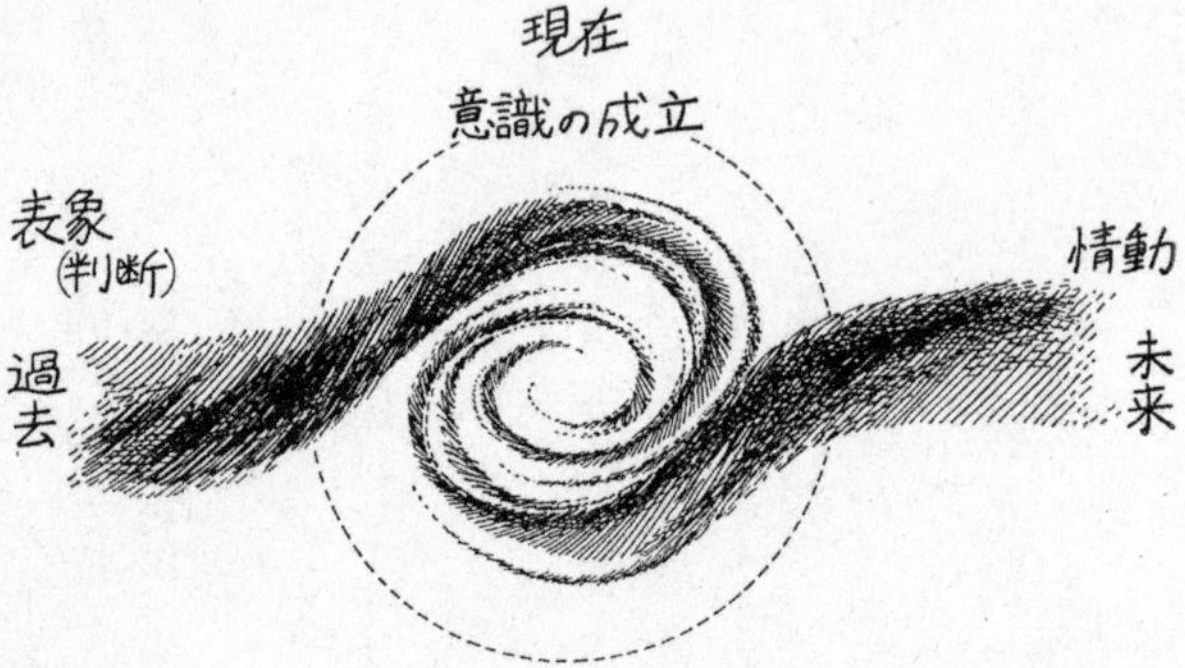

意識の成立

あるいは二十年たちしても、それが本当に自分にとって大事なことであればあるほど、その思いはつのってくるばかりで、決して消え失《う》せはしません。その心の痛みはますます深くなっていきます。これは同じような人生経験に際して、常に言えることです。したがって人間の体験というのは、時がたつうちに次第にうすれていく体験と、それから時がたつにつれてますますはげしくなってくる体験とに分けられることになります。時とともにますますはげしくなってくる体験というのは、その体験の本質が、未来から自分の方に流れてくるからだと考えられます。そしてそのような方向に流れてくる流れを情動の働きと言うわけです。憧《あこが》れ、予感、不安、期待、希望、その他いろいろあると思うのですけれども、こういう

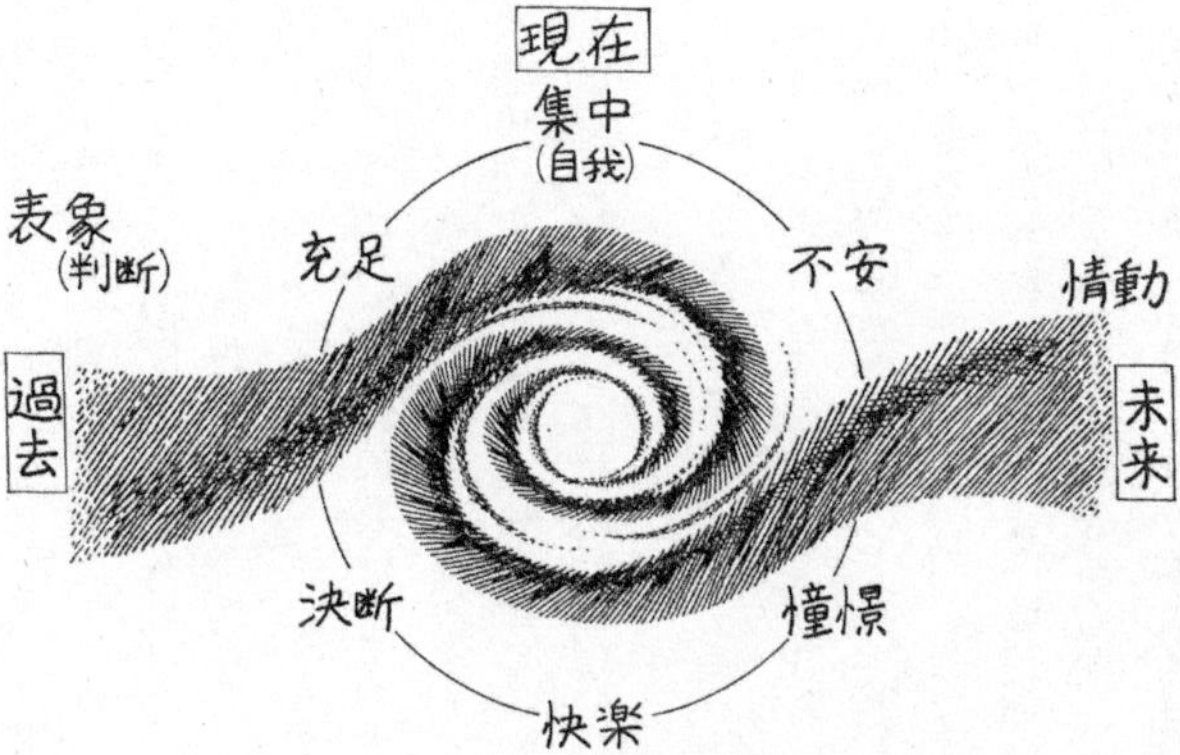

意識の範疇

ものは時間の経過によってだんだんうすれていくものではなくて、時とともにますますそれが切実な問題になってくるという性質をもっているのです。

この情動の流れを右から左への流れ、表象と判断の流れを左から右への流れとした場合、この二つの流れが現在のところで合流し、渦を巻くことになります。

そこでこの図式をさっきのプログレッシヴとレグレッシヴの図式と結びつけてみたいと思います。そうすると左側に外界があり、右側に内界があり、その境界に一つの壁があって、そしてそこに感覚的知覚の場所があったわけです。この壁との関係において表象と判断とについて考えると、内界の中にいろいろな表象像をわれわれはもっていたわけです。そしてその表象やまたは記憶のさまざまのイメージが、外界との境のところで外からの知覚内容とぶつかって、いろんな印象や判断を生んだわけです。

たとえばこの図式がAという人物の内界であるとしますと、その外界にBという人物がいることになります。そしてこの両者が出会うのは、内と外とのこの境界で、感覚を通して出会うわけです。そしてAはBに対していろいろな表象をもって向かい合うのですから、この境界のところで知覚と表象が結びついて、AにとってのBというイメージが生まれてきます。そしてその結果一つの判断ができてきます。その際判断が主観的なものであったら正しい判断にはなりませんから、その判断はなんらかの客観的な意味をもっていなければいけません。

意識の成立

簡単な場合で言えば、このBという人物が、男であるとか女であるとか、政治家であるとか、隣の人であるとか、あるいは友達であるとか、自分の子どもであるとか、親であるとか、それらの判断はみな客観的な判断です。その客観的な判断というのは、外界の世界にとどまらないで、外界の事実を指示しています。言いかえれば、判断は内界に存する表象の触発から始まって、外界と内界の壁をつきぬけ、そして外界のある事実を指示することで終わります。ここに家があれば、それはどこどこの通りの角にある酒屋であるとか、マンションであるとか、そういう外なる世界の客観的な特定の事実を結論として示すことで終わるのです。

つまり、判断は、結論をもって終わるわけですが、それに対して情動というのは、満足をもって終わります。そうすると判断を行う場合の結論は決して人間の内部にとどまるのではなく、場合によっては内界にとって非常にマイナスになるような結論でも、その結論が客観的なものだったら、それに従わなければなりません。魂にとっては決して好ましくなくても、厳として存在する結論が、往々にして存在するわけです。

したがってこういうことが言えると思うのです。判断から結論にいくプロセス、過去から未来に向かうこのプロセスの場合、出発点は魂の内なる表象活動から始まるけれども、その終点は魂の外なる事実を指示することで、つまり魂の外に出ることで終わる。魂という内界の外で、客観的な結論として終わるのです。

ところが情動から満足にいくプロセスを考えますと、まさに逆になります。情動は、いったいどこからそれが始まるのかをわれわれは知りません。無意識の奥のどこからか情動が起こってきて、そして表象と同じように外界との間の壁にぶつかります。そうすると、この壁の外につきぬけようとはしないで、それは満足を求めるためにそこでカーブして、内界の中に満足を求め、その中で終点をむかえます。われわれは情動の働きの終わりを内部にもつことになるわけです。

これは決定的に、情動作用と、それから判断あるいは表象作用との相違点を明らかにしています。情動にとっては、内部自身を充足させることが問題であるのに対して、判断にとっては、客観的な事実を確定することが問題なのです。

ところで内界には、いたるところにいろいろな記憶像、表象像が存在しています。今、情動が外界の方に向かってすすんでいく途中で、ある種の内部の表象にぶつかり、そこで情動が停止してしまった場合、感情が生まれます。

感情は、情動作用が直接知覚に向かっても、向かわなくっても、内部のある特定の表象とぶつかったときに、そこに生まれてきます。

いま言いました部分が、神秘学にとって土台になる部分です。

そこでもう一度さっきの問題にもどりますと、過去から未来の方に向かって判断が働き、それに対して未来から過去の方に向かって情動が働き、そして情動と判断とが現在の時点で互いに結びついて渦をなすときに、この渦の中心を意識と名づけるわけです。

この渦巻きはたえず猛烈に変化して、一瞬もとどまることがありません。右の未来の方からはあとからあとから絶えずいろいろな情動が、この現在の方に向かってきます。過去からはありとあらゆる表象が同じく現在の方に向かってきます。そして互いにぶつかり合って、ありとあらゆるイメージをつくり出すのです。

シュタイナーはこのようなぶつかりあい以外、意識を説明する方法は考えられない、と言っています。

ではなぜ意識が過去と未来からの表象と情動とのぶつかり合いによって生じるのかと言えば、自我が現在のこの時点で鏡のようにこの渦を反映させているからだと考えるのです。したがって現在におけるこの意識の座は同時に自我の座でもあります。現在の各瞬間に、このぶつかりあいが自我という鏡を通して意識化されるとき、その意識の成立過程は同時に自意識の成立過程でもあります。この問題は、重要であると同時に、説明するのが非常にむずかしいので、この同じ問題を別な面から考察してみたいと思います。なぜ自我が働くときにはじめて、意識の領域が人間の中で自意識として生み出されるのかという問題です。自我というのは非常にわかっているようで、同時にわかりにくい存在です。マッハのような自然科学に近い立場の哲学者、最近でも経験論的な実証主義者は、自我などそもそも存在しないと考えています。全然そんなものは存在しないと主張する人がいるくらい、自我の存在はわかり切っているようで、わからないものでもあるのです。

自我の問題

自我を否定する人は、自我というのは、そのときそのときの意識内容の連続であるにすぎない、その意識の舞台を演出している演出家としての自我というのはどこをさがしてもない、というふうに言うわけです。

そういう立場の哲学もあるくらいですから、自我がいったい存在するのか、しないのかという議論は、はじめたらきりがないくらいに、厄介な問題を含んでいます。ところがごく簡単に、感覚の問題を一つとりあげてみても、すぐに自我の問題にぶつかります。先ほどの内と外の境界の領域です。先ほども眼のことを考えましたから、眼を例にとって、まず外界に白い壁があるとします。そしてその壁にわれわれが眼を見ひらいて向かいあっているとします。われわれが見ようという意志を持って見るか見ないかは、その際の知覚体験にとって、決定的な意味をもっています。見る意志がまったくなければ、見ていても見えませんし、注意力をもって見れば、見えないところも見えてきます。哲学ではこの注意力を志向性と名づけまして、ブレンターノやフッサール以来二〇世紀の多くの哲学者は、志向性という概念を重要視しています。人間の内部から対象への志向性が働かないかぎり、感覚的知覚の体験さえもてないというふうに考えるようになっています。この注意力をわれわれは自我と名づけているのです。

つまり自我とは、魂がある一定の方向に向かってエネルギーを向けるときの、その基本的な意志の主体を言うのです。ですからもしその自我が存在していないとすると、この注意力そのものも一貫性をもっていないということになってしまうのです。

しかしわれわれは、自我をもっているために、ものを見るときの注意力に、その人間その人間の特定のあり方、特定のパターンをあらわすことができるのです。このような意志の主体を自我と名づけるとしますと、その自我は、感覚と不可分に結びついているということにもなります。というよりも、自我がそもそも人間本性のどこに位置しているのかということを考えるときに、われわれは、自我が感覚とともにあらわれ、感覚とともに消える、ということとさえ言えると思います。

自我というのは、いつもは全然意識されないけれども、感覚体験とともに突然意識の地平にあらわれてきます。たとえば、おなかがいっぱいのとき、自我を特に意識することはないにしても、おなかがすいてくると、あらためて自分の存在を考えずにはいられなくなるとか、あるいは歩いていて大きな石にけつまずいてすごく痛かったりすると、その痛みによってはじめて、そこに石があったということと同時に、自分がここにいるということを意識するとか、そういうふうに、感覚体験と自我体験というのは、いつも一体となって体験されているわけです。

それに対して表象の場合はどうかと言えば、自我の存在はだんだん曖昧になり、稀《き》薄《はく》になっていきます。表象だけを考えるのでしたら、諸感覚の門を閉じて、たとえば物音のしない真暗な部屋に坐《すわ》って、一生懸命、なんでもいいから表象を働かせてみるのです。たとえばピタゴラスの定理の証明をやってみるとか、もっと簡単な、三角形の内角の和が二直角であるということを、真暗な、紙も鉛筆もないところで、眼を閉じて証明するとかしてみます。そうすると純粋に知的なわれわれの表象活動があらわれてきます。そのようなとき、自我意識はうすれてきます。表象の働きは、夢の意識にとても似てきます。

夢体験と表象体験とは、非常に似ています。一方感覚体験が強ければ強いほど、それにともなって自我体験も強くあらわれてきます。

ですから歯が痛かったりすると、眠れません。ところがベッドの中で横になって、一生懸命もっぱら論理的な、数学の証明問題を解くときのような、表象活動だけをやっていると、いつのまにか眠りこんでしまいます。表象活動と夢の世界は、非常に近いのです。ところが明かりがこうこうと照っていたり、そばで大きな話し声がしたりしていると、なかなか寝つかれません。感覚が働いているときには、自我そのものも同時に目覚めているからです。

美的判断・芸術体験

今の話と結びついて、一つ大事なことがあるので、ここでつけ加えておきます。それはもし魂がもっぱら表象と判断だけの生活を続け、知覚を働かせる機会が少なくな

りますと、その魂はだんだん枯渇し、弱くなっていくという事実です。なぜかという
と、判断というのは、ある客観的な結論だけで終わるのですから、その結論に魂が自
分を無にして従わなければ、判断にならないわけです。ですから何らかの意味で表象
活動をする場合、数学の問題をとく場合でもいいし、あるいは人文科学系の思想書を
読む場合でもいいのですけれども、そういうものを一生懸命読んでいる場合、その人
の魂の営みは、いつもなにか別なものに奉仕するというかたちをとりますから、前に
述べたように、神経組織は活発に働くかわりに、新陳代謝や性的本能はそれによって
弱まっていくわけです。

ですから思考作業はわれわれの生命活動から言うと、死へのプロセスであり、それ
に対して情動作用は、知られざる無意識の深みから意識の方にあらわれてくる生への
プロセスなのです。

しかしこの営みは、主観的です。判断が客観的であるのに対して、主観的なわけで
す。それでわれわれはそういう矛盾した二つの精神の営みを持っていることになりま
す。しかしこの二つは、ある別な第三の精神の営みによって統一されることができま
す。

それは情動作用がいったん知覚の門にぶつかって、そしてもどるときに、同時に判
断が、客観的な判断が働いているような場合、しかもそのとき情動も満足をもって終

わるような場合です。

それは美的体験、芸術体験の場合です。芸術体験が生活に対してもっている意味というのは、そういうところにあって、それは情動の働きを基本としながら、同時に表象と判断をいつも伴っているために、客観的な結論と情動の満足とが同時にあらわれうる唯一の魂の営みなのです。

それ以外の場合には、一方では自分を客観的にする表象活動ばかりすることによって、たとえば偉大な学者になったり、社会人として立派な仕事をしたりはできるかもしれないけれども、当然その立派な仕事をすることの代償として、自分の内面生活をだんだん荒廃させていきます。

ところが他方ではそういうことを一切しないで、社会から眼をそむけ、自分の満足だけを追求していくと、こんどは自分自身が社会的な営みをもてないために、いわゆる良心の苛責《かしやく》を絶えず背負っていなければいけなくなります。この両方の均衡をとることが生活の知恵になるわけですが、美的判断を働かせることによって可能になるのです。したがって美的判断は、それは特に、神秘学にとって一つの基本的な意味をもつようになります。芸術をやっている人は、神秘学に対して非常に感受性がゆたかになっているのです。

それと同時に、芸術体験は、必ず感覚体験でなければ意味がないという点においても、同様に神秘学にとって大きな意味をもっています。たとえばベートーヴェンの第五交響曲を子どものときから無数に聞いてきたから、自分はもうこの曲を聞かなくても、心の中でその音が響いている、と誰かが言うとします。その場合、その人の心の中で記憶像としてもっている第五交響曲を自分の心の中で響かせているのが美的体験なのかというと、それは美的体験とは言えません。それは一個の表象体験にすぎません。もし第五交響曲を美的体験としてもとうと思ったら、あらためてレコードを聞くなり音楽会に行くなりして、音の知覚体験をもたないと、それは芸術体験にならないのです。

手を失ったラファエロが、マドンナの美しいイメージを心に描いたとしたら、そのマドンナのイメージは、芸術としてすでに存在しているかどうか。レッシングの戯曲の中にもそういう議論がでてきます。その場合、美学や神秘学の側から言うと、心の中にどんな美しいイメージをもっていても、それはまだ美的体験の前段階としての表象体験にすぎません。

美的体験というのは、感覚の門のところまで情動が流れていき、そこで外の何かを集中的に体験する、自我体験をする時のプロセスなのです。このプロセスを通して、情動の営みと判断の営みを同時にゆたかにすることは、自我をゆたかにすることでもあります。

ですから文学でも、音楽や舞踊や絵や彫刻でも、夢中になって創作や享受に集中する場合の一種の解放感というのは非常に独特な解放感です。それは知的な解放感であると同時に、情念の解放感でもあるような、そういう独特な解放感です。

そしてこのような解放感が、あとで秘儀の問題のときにでてくると思いますけれども、「行」の基本のかたちでもあるので、神秘学における「行」は、芸術体験と非常に共通した性格をもっています。

十二の感覚

以上、魂の営みの重要な半面である表象と情動について述べてきました。しかし以上との関連において、もう一方の半面である感覚についても述べる必要があります。

感覚的知覚について語る場合、普通われわれは、五つの感覚を問題にします。視覚、聴覚、味覚、触覚、嗅覚《きゅうかく》、そしてそれ以外になんらかの感覚があるとすると、それは第六感と呼ばれます。しかしルドルフ・シュタイナーの神秘学では、それを十二に分けます。十二の感覚です。

十二を時計のように円くあらわしますと、ちょうど黄道十二宮のようにこれを考えることができます。視覚があり、聴覚があり、味覚があり、嗅覚があり、触覚があり、そして熱感覚があり、均衡感覚があり、運動感覚があり、生命感覚があり、それから言語感覚があり、概念感覚があり、個体感覚がある。これで十二です。感覚はふつう解剖学的に、感覚器官が体のどこかに確認できないと、感覚とは言えません。したがって、視覚器官があるから見ることができ、聴覚器官があるから聞くことができると考えられているのですけれども、ここで言う感覚は、もっと広く、外部感覚と内部感覚の両方を含めて考えます。

そして意識が直接受けとることのできる体験内容をすべて感覚と呼ぶのです。他方の判断や表象は、さまざまな組み合わせや結びつきや取捨選択によって作り出されますが、感覚の場合には、直接意識が受けとる体験内容なのです。その場合、外側の外界に向かってひらかれている感覚を外部感覚、内部に向かってひらかれている感覚を内部感覚と呼びます。もちろん、視覚、味覚、聴覚、嗅覚、触覚は、あらためて説明するまでもなく、それぞれ解剖学的にもその存在が確かめられますが、しかしこれらの場合にも、ちょっとつけ加えれば、味覚も、決して舌だけで味覚が成り立っているのではなく、たとえば肝臓や胃の働きが同時に味覚を成り立たせているのです。肝臓が悪いときには、蜂蜜《はちみつ》みたいな甘いものもにがく感じたり、胃が悪いときには、他人がすっぱく感じるものをにがく感じたりします。そういうことを考えると、聴覚でも、視覚でも、嗅覚でも、触覚でも、決してそれが解剖学的に確認できる感覚器官だけで生み出されるとは限らないわけです。熱感覚は触覚の一部分のように考えられますけれども、神秘学から言うと、熱は実は外部感覚でもあるし、内部感覚でもあるのです。それは決して皮膚感覚だけではありません。ですから、ある家の中に敏感な熱感覚をもっている人がはいっていくと、その家の中の温度が二十度でもなにかひやっと感じたり、十五度でもなんとなく暖かく感じたりすることがあります。あるいは人と向かいあったときに、相手の体温と関係なく、暖かい感じのする人と、冷たい感じのする人があります。集中的な自我体験を通して熱を作り出すならば、冬の寒気の中でも自分の周囲の温度が非常に熱いと感じることができます。そうすると実際に自分の体がその熱を感知することもできます。また自分の体の中が非常に熱いと集中的に考えると、実際に体の中の体温が上がってくることもあり、熱というのは触感だけに関係するのではないどころか、もっと非常に霊妙な存在であり、いわば物質と非物質との橋渡しをする存在のようにも思えます。それで熱の問題は霊学にとって非常に重要なのです。それを体験する働きは、したがって、触感覚だけにはおさまりきれません。それは固有の直接的体験をもたらす感覚内容であると考えないわけにはいきません。

均衡感覚は、耳の中に三半規管という解剖学的に確かめられる部分がありますから、説明するのは容易ですが、これと関連して運動感覚も問題になります。これは自分以外のものが運動しているのを知覚する感覚ではなくて、自分自身が動いているか静止しているかを体験する内部感覚です。運動感覚も固有の感覚として非常に重要な意味を持ってくるようになります。

十二区分の重要性

生命感覚も、自分の外に生命体があるかどうかを認識するための器官ではなくて、自分自身の生命の営みを、たとえばいま調子がいいか悪いかとか、生命力が弱っているか否か等々、生命に関するあらゆる身体の営みを直接体験する場合に、生命感覚という言葉を使います。

言語感覚は、ふつう聴覚に入れますけれども、しかし言語は耳できく音とはちがいます。もっと固有の、もっと本質的な質的内容をもっていると考えます。ヨハネ福音書が冒頭で「はじめに言葉ありき」と言うときの言葉とか、日本の言霊《ことだま》における言葉のような場合、言葉そのものが固有の力をもっているわけです。その言葉によって人間や事物に固有の働きが加えられます。呪文《じゅもん》を唱えるときの呪文なんかもそうですが、ごく日常的な場合でも、誰かにほめられたりすると、それが肉体にまで働きかけて、なんとなく嬉しくなるとか、逆に突然変なことを言われたりすると、それが肉体の調子を狂わすということは、言葉のもっている力の働きによるものです。このような言葉を体験する場合の働きを言語感覚として、聴覚とは別に考えるわけです。概念感覚と言いますと、もっと奇妙に感じられるかもしれません。概念は判断によって生まれてくると考えれば、概念感覚という言い方はそもそも形容矛盾なんですけれども、ここで概念と言うのは、哲学で言うエヴィデンツ（明証性）と同じなのです。あることがらが直観的に真実だと悟れるときがあります。なぜそうなのかわからないけれども、それが真実だと悟れる場合に、哲学では説明のしようがないものですから、明証性という言葉を使うのです。そういう特定の思想内容を、判断を通さないで、じかに体験する場合、それを概念感覚という言葉で表現するのです。神秘学にとって、概念感覚の問題は非常に重要になってきます。いわゆる霊的な体験というのは、すべて概念感覚の体験であると言うこともできると思います。

それから個体感覚も、神秘学にとって非常に重要な感覚です。ある外的な対象を個として、かけがえのない個体として、体験するか、それともたくさんある中の一つとして、量として、体験するかは、認識上決定的にちがう二つの態度です。量的な感覚しかもたない人が、ひとりの人間を集団の中の一員としてしか考えようとしない場合、そのひとりの人間のかけがえのない生命とか、存在とかに対する感覚がないわけですから、相手に対していくらでも残酷な態度がとれるわけです。それから自分のもっている万年筆や本などにだんだん愛着が出てくると、同じものを店で売っていても、自分が今まで使っていたものをかけがえのないものと感じるようになります。それは個体感覚の体験です。そういう個の体験というのは非常に重要です。自然科学の考え方の中には、個の感覚の入り込む余地がありません。個体感覚が働きえないために、すべてをグラムとかメートルとかの量の単位に、または分子とか原子とかに還元してしまい、素粒子の構造を考えることに終始します。素粒子のひとつひとつには個体が全然なくてもかまわないわけです。そういう個体のない素粒子を複雑に組み合わせると、あらゆるものができるという考え方が、自然科学の考え方の基本にあるものですから、個体のかけがえのなさを主張するのは非科学的な発想であるということにされてしまうのです。

それに対して、個体の感覚から言うと、存在はすべて個体から成り立っており、それ以上は分割できないのです。自然科学的に言うと、たとえばここにコップがあるとしますと、その実質は割れても割れなくてもガラスです。そうして、そのガラスをもっと分解すれば、石英だとか鉛だとか珪酸塩《けいさんえん》だとか、いろいろな成分に分かれ、更にそれを分解していくと分子、原子、素粒子に分かれてしまいます。そこまでいってはじめて、物質の本質を探究するということになるわけですが、個体感覚から言うと、コップという個体そのものが絶対の存在ですから、二つに割れてしまったら、もうその個としての存在はなくなるので、ガラスではあっても、コップの個体ではなくなる、というように見ているのです。人間についても、人間の大部分が水からできているとか、酸素、窒素、炭素、鉄分等々に分かれるとかいうことになってきますと、もはや個人としての人間は問題にならなくなります。そこにはもはや個体感覚の働く余地はないわけです。

このようにして、いま言いました十二の全部がそれぞれ独立した感覚なのです。これらの感覚によって、先ほど述べました外界と内界との間の境界が作られている、と考えるのです。

ところがここであらためて考えてみますと、視覚、聴覚、味覚、嗅覚、触覚、熱、均衡、運動、生命、言語、概念、個体という感覚の座の中には、先ほど述べた七つの生命活動が働きながら、これらの感覚を支えているのがわかります。それらの七つとは、呼吸、体温、栄養分の摂取、成長、生体の維持、排泄もしくは分泌、それから最後に生殖もしくは再生作用でした。

感覚の融合と霊的体験

これらが生命の営みとして感覚を支えているのです。そして先ほど述べましたように、情念とか表象、判断とかが更に一層内的に魂の営みをしているのですから、それらについて、思考と感情と意志とが魂の内部で働いており、その中心には自我がある、そしてその外周に感覚と生命とが働いている、という図式もできるわけです。

そして霊、魂、体ということを言う場合には、この全部を含めて霊、魂、体でなけ

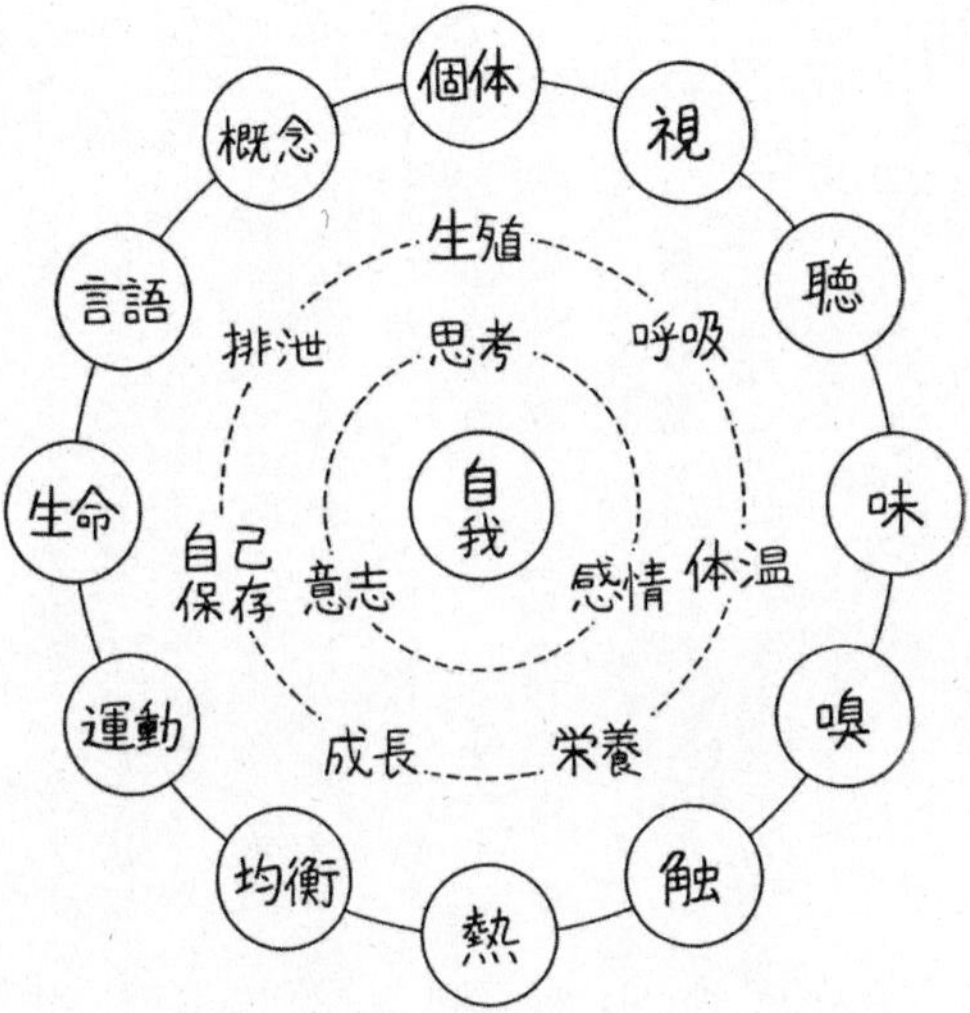

十二の感覚と七つの生命活動

ればいけないはずですから、知覚としての体であり、魂であり、霊であり、生命活動としての体であり魂であり霊であり、知情意としての体であり魂であり霊であり、そして自我である、ということになります。

こういうかたちで人間をとらえなければ、具体的な把握にはなりません。しかし人間が、すでにこの章の最初に述べましたように、それ自身矛盾した存在だとすれば、いったいこれらの、いわば人間マンダラのそれぞれのあり方はどういうあり方をするのが本来の人間にとってふさわしいのか、ということが同時に問題になってきます。言いかえると、それらがどのようなあり方をするときにそもそも神秘学が可能となるのかが問題になってくるわけです。それは、端的に言えば、この一番外側の十二の感覚がまず互いに融合し合うところから始まるのです。もし十二の感覚がそれぞれ単独で、今われわれが実際にその感覚を働かしているとおりに働いているのであれば、そのときにはわれわれ自身の感性には変化が生じません。いま仮に十二の座を設けたわけですけれども、これらがそれぞれ互いに結びついてこないと、言いかえるならば、ちょうど黄道十二宮のように天空に固定している星座が惑星のように動いていかないと、感覚が本当の意味で生きてはきません。したがって、見る行為の中に聴く行為が同時にあらわれてくる、あるいは聴く行為の中に触れる行為があらわれてくる、そういうことが問題になってきます。このようにしてまた再び美的体験、芸術体験の問題が神秘学と結びついてきます。

たとえば一枚の絵を見るときに、その絵のもっている味わいとか、あるいはにおいとか、その絵の表現空間の軽さとか重さとか広がりとか、そういうことが同時に体験できてくると、絵を前にしながら、その体験が単なる視覚の体験ではなくて、共感覚の体験になってきます。

共感覚が生まれてくると、必ずこの感覚は先のマンダラにおいて、より内側に位置する七つの生命活動と結びついてきます。すでにアリストテレスが、悲劇を定義したときに、同情と恐怖によるカタルシスが悲劇の効果だ、と言っておりました。カタルシスとは、排泄作用、排便作用ということですから、カタルシスによって自分の中のもやもやしているものが外に排泄されるというのです。そのような場合、アリストテレスにとっては、悲劇の観劇という感覚体験が生命体験になっているわけです。

それと同じように、非常に感動したときの体験というのは、同時に発汗作用も伴うし、排泄作用も伴うのです。もしも感覚が非常に圧迫されて、息苦しくなってきたとすれば、そのとき感覚活動が呼吸作用と結びついたことになります。体温が上昇する場合もあります。また私の直接知っている人で腸が大部分腐ってしまったものですから、医者に、絶対にこれでは栄養が足らないから長くはもたない、と言われたのですけれども、その人は光や色の豊かな感覚体験を集中的にもつことで、ビタミンを眼から摂《と》っている、と言うのです。それで医者は奇蹟《きせき》だと言うのですが、その人にとっては、奇蹟でもなんでもなくて、美しい植物などを見ることで人間は同時に栄養も摂れると言うのです。

逆に、眼が見えない人はビタミンが不足がちになるとも言われています。同じように本ばかり読んでいる人も、外に出て働いている人よりもビタミンをたくさんとる必要があるとか、そういうことは感覚体験の多い少ないということと結びつけて考えられるのです。

したがって感覚の十二の座を生動化するということは、共感覚を通してと同時に、七つの生命活動を感覚と結びつけることを通しても、可能になるわけです。

このようにして感覚が互いに融合しあうことによってこそ、オカルティズムで言うところの霊的体験が可能になるのだ、とも考えられます。しかしもしもこの融合が前述のマンダラの中心に位置する「自我」によって統禦《とうぎょ》されることなく、霊的体験にいたったとしますと、それはなんらかの意味で病的な体験になりかねません。それはいわば先祖返り的なヴィジョンになりかねないからです。

先祖返り的なヴィジョンだと、その単なるヴィジョンが外界の事物に投影されて、実際に外なる現実であるかのようにそれを体験してしまい、幻覚と知覚との区別がつかなくなってしまうのです。

ドラッグ体験でもおそらくは同じことで、もしもドラッグによって体験されたあるヴィジョンが、知覚と幻覚の区別をあいまいにするようなヴィジョンだとすれば、それもやっぱり病的であると言えます。

知覚の問題では、もっと具体的に細かく述べるべきところがいろいろあると思いますが、以上で霊、魂、体の基本的な考え方の説明をしました。次にこの考え方を土台にして、宗教とオカルティズム、あるいは秘儀の問題、そういう個々の問題にはいっていきたいと思います。

それからここではふれることができませんでしたが、夢の問題もまた、今述べた部分と関連して非常に重要です。なぜかと言うと、人間は誰でもみんな、多かれ少なかれ霊的な体験、いわゆるオカルト体験をもっていますが、その一番端的なあらわれが夢だからです。夢をみている人はすでに霊的な世界とかかわりをもっています。その夢の解釈は、知覚の問題と関連して具体的に考えていくべき問題だと思いますが、それは第四章一六七頁以降で取り上げたいと思います。

第三章　神秘学における理性と感性

ロゴスとソフィア

この章では、神秘学における理性と感性、現代科学の方法と神秘学の方法の問題を取り上げようと思います。そこでまず、理性と感性という二つの言葉は哲学上の概念としてはどう説明がなされているかということから話をすすめていったらどうかと思うのです。いろいろな哲学事典をもとにしてまとめてみますと、ごく大雑把に言えば、理性は思考の能力であり、それに対して感性の方は、この能力のための素材を提供するものである、と言えます。そしてこれを別の観点から考えてみると、感性という言葉のもとに、身体感覚に関係したもろもろの衝動に基づく自然的な欲求一般を考えることもでき、感性をこのように考える場合には、人間における精神的な欲求を理性と考え、精神的な欲求としての理性に対する動物的な欲求として感性を考えることができます。

しかし前章までの問題との関連で考えれば、当然理性的な側面とはプログレッシヴな側面であり、感性的な側面とはレグレッシヴな側面である、と言うこともできます。

つまり、理性的な側面とは、まず外的な対象が感覚の世界に働きかけ、その対象を表象として内部で再生産し、それを判断の力によってなんらかの結論としての概念に変える、そのプロセスにほかなりません。そして感性とは、人間の無意識の奥底からある内的な欲求が、それが身体に基づくものか、あるいは魂や霊に基づくものかはともかくとして、心の奥底から欲求があらわれてきた場合に、それが記憶像と結びつき、言葉と結びついて、表象となり、その表象が更に発達して感覚的な知覚と同じくらいの明瞭《めいりょう》性を伴ったイメージ、ヴィジョン、病的な場合には幻覚、霊的な場合には霊的知覚を生みだすというプロセスになります。更に理性的な活動は過去から未来へと方向づけられるのに対して、感性は逆に、未来から現在の方へ向かう、と考えることができます。

ところでその場合、この理性による学問の特質をロゴス、そして感性の場合をソフィアと名づけますと、理性と感性の対立は、学問におけるロゴス学とソフィア学の対立にもなります。

従来学問のほとんどがロゴスの学問であったために、すでに述べましたように、われわれはレグレッシヴな認識の機能をほとんど考えずにきました。つまりソフィア学はほとんど現代の学問体系の中には組み込まれていないのです。

そこで当然、ソフィア学が神秘学の方向に結びつくことになりそうですが、この章ではそのへんの問題について考えてみようと思います。

それではそもそもロゴスとソフィアという言葉はどういう由来をもった言葉なのでしょうか。これについて入手しやすい古代の文献の中で一番はっきり出ているのはプラトンの『プロタゴラス』という対話篇です。

プロタゴラスという当代の最高のソフィスト――ソフィアからソフィストという言葉が作られたのですけれども――、このプロタゴラスとソクラテスとの問答の中に次のような一節が含まれているのです。実に興味あることには、ソクラテスが、スパルタは大変な都市なのだということを力説するのです。ふつうスパルタというと、アテネに比して、文化都市というよりはむしろ体育と武勇の都市であり、スパルタ人は皆、大変なスパルタ教育、つまり厳格な教育を受け、それがあまりに厳格すぎるので、市民はみんなこんな国に生きるよりは死んだ方がましだと思うので、戦争のときにも死ぬことが平気になる、だからスパルタ人は大変武勇に優れている、と言われているのですけれども、ソクラテスに言わせると、それはカモフラージュだったのです。実はスパルタというのは大変な叡智《ソフィア》の都市であって、スパルタの知的、学問的な訓練が、あまりに高度に発達したので、市民はそれを知られるのを好ましく思わず、そこでわざわざ体操なんかをやってみせて、他の都市からはむしろ学問の反対の、武の都市だと思われるようにしている。しかし実はそれは大変なまちがいで、ちょうどクレタと同じだ、クレタとスパルタはギリシアにおける最高の叡智《えいち》の国である、と言うのです。

そしてそう言ったあとで、こんな言葉が出てきます。

古代ギリシアのソフィア

「かくして……スパルタ主義とは本来、体育の愛好よりは、むしろはるかに知恵の」――この知恵というのはソフィアです。すなわち、ソフィアの――「愛好にあるのだという事実を看破した人々は、いまの世にもむかしの世にも決していなかったわけではありません」。そういう人々は、スパルタ人と話してみると、彼らが非常に鋭い寸言を発することができるのに気づいたのです。そのような寸言を発するというのは、「完全な教育を身につけた人間にしてはじめて可能なことなのです」（藤沢令夫氏訳）――

このようにスパルタがいかに知恵の国であるかを見通した人々の中に、七人の人がいました。このようにして、ここにギリシアの七賢人の話が出てきます。つまりミレトスの人タレス、ミュティレネの人ピッタコス、プリエネの人ビアス、アテネのソロン、リンドスのクレオブロス、ケナイの人ミュソン、そして第七にスパルタ人のキロンです。この七人、七賢人はいずれもそろってスパルタ人の教養の崇拝者であり、熱愛者であり、かつその弟子であったのです。

そこでこのギリシアの七賢人が、スパルタ的な叡智《ソフィア》の弟子として、スパルタ的な叡智を学んだ末に、このソフィアの精神を自分たちが身につけたことに感謝の意を表するために、ギリシアにおける最高の聖地であるデルポイへ赴きます。デルポイは有名な神託の土地であって、宇宙の、世界のおへその部分と言われている秘儀と神秘学の源流の地です。彼らはそのデルポイの神殿に詣《もう》で、かの万人の人口に膾炙《かいしゃ》している二つの寸言、「汝《なんじ》自身を知れ」と「分を越えることなかれ」とを書き記し、もってこれを彼らのソフィアの最初の実りとして、アポロンにささげた、と言うのです。

そこでソフィアとは、まず古代ギリシアにおける最高の叡智をあらわす言葉であり、そしてその最高の叡智とは、具体的に言えば、二つのごく簡単な言葉で表現できる、ということになります。まず第一に「汝自身を知れ」、第二に「分を越えるなかれ」。この場合「分を越えるなかれ」とはどういうことかというと、ちょっと余談になりますけれども、「ほどほどにしろ」という意味ではなくて、ものごとを考えるときに、二つの対極を考えて、その中央のところに自分を位置させろ、ということなのです。日本の教派神道の偉大な神秘家であった出口王仁三郎《でぐちわにさぶろう》、自分ではおにさぶろうと言っていたようですが、彼が「いずのめ」の精神ということを言っています。いずのめというのは、自由と必然の交差する地点に自分をおくことで、その地点に立つ神をいずのめの神という言い方をしているのです。必然と自由の間に身をおくことと、たえず陰と陽、プラスとマイナスを考えながら行動するとか、つまり中庸の精神と、それから対象を、外的な対象を知ることではなくて自分自身という内的な対象を知ること、この二つがソフィアの精神であるということをプラトンが言っているのです。

次にもう一つ、ギリシアと並んでヨーロッパにおけるもう一つの精神の源流であるヘブライの、ユダヤの思想を見ますと、今度は旧約の「箴言《しんげん》集」にソフィアという言葉が出てきます。箴言の第八章をみると、そこにおもしろいことが書いてあるのです。

ロゴスの母

この章の箴言はその全部がソフィア論であるとも言えます。「知恵《ソフィア》は呼ばわらないのか、悟りは声をあげないのか。この知恵は道のほとりの高いところの頂き、また、ちまたの中に立ち」――つまり山の頂きの一番高いところ、人里はなれたところと街の雑踏のまん中、ここにも両極性の思想が出ています――「または街の入口にあるもろもろの門のかたわら、あるいは正門の入口で呼ばわって言う」――つまりありとあらゆるオーソドックスな世界である正門の入口と、ありとあらゆるオーソドックスではない、異端や傍系の門のかたわらとに立って、ソフィアは次のように言う、というのです。――「人々よ、わたしはあなたがたに呼ばわり、声をあげて人の子らを呼ぶ。思慮のない者よ、悟りを得よ、愚かな者よ、知恵を得よ」（日本聖書協会訳、以下の引用も同じです）――

ここでは何が問題になっているかと言うと、ソフィアが人格化されているのです。そしてひとりの神のように人々に呼ばわるのです。さらに読んでいきますと、こんなふうにも書いてあります。

主が昔そのわざを、創造の行為をなしはじめられたとき、その一等最初に私を、つまりソフィアを造られた。いにしえ、まだ大地の存在しなかったとき、すでに私はそこに立っていた。

「まだ海もなく、大いなる水の泉もなかった時、わたしはすでに生まれ、山もまだ定められず、丘もまだなかった時、わたしはすでに生まれた」――

つまりそもそもの存在の発端に自分は立っていた、という言い方をしています。ところで、現在にいたるまでいろいろなロゴス論、あるいはソフィア論の本が出ています。ギリシアにはソフィアという言葉が最高の叡智という意味で、いま紹介したプラトンにもありますし、ソクラテス以前の哲学者もそのような意味に使っています。けれども人格化された「ソフィアという神」の概念はヘブライが最初のようです。

それはいま言いましたように、箴言集に出てくるのですが、そこから始まりまして、グノーシス、つまりヨーロッパ神秘学のそもそもの具体的な体系化のはじまりであるグノーシスの中に、ソフィア論が非常にたくさん出てくるのです。その中で特に有名なのは、なんといってもアレキサンドリアのフィロ（ヘレニスティックの時代のアレキサンドリアに住んでいたフィロ、もしくはフィロン）の言葉です。彼には次のような言葉が残されています。

「神的ロゴス、神のようなロゴス」——ロゴスはキリストのことにもなってきますから、「神であるロゴス」とも言えますが——「神的ロゴスは流れのようにソフィアの泉からあふれでて、善を愛する魂の中の天上の草花に水を注ぐ」。つまり善を愛する魂の中の、人間をも含めて、人間あるいは天使たちの魂の中の善なる部分の土地に咲く天上の花に養分の水を注ぐもの、それがロゴスである。そしてそのロゴスがどこから流れてくるかと言えば、そのロゴスの水は、ソフィアの泉から流れてくる、そういう考え方をしているので、またこんな言葉も出てきます。

「ロゴスには両親がある。神なる両親が存在していた。そして父は神そのもの、万物の父なる神であり、母はソフィアである」

マリア＝ソフィア

キリスト教になってきますと、ソフィアはマリアと結びついて、マリア＝ソフィアという考え方が出てきます。そしてマリア＝ソフィアというのは結局は、聖霊のことになるのです。

聖霊については、ヨハネ福音書の第十四章以下にあるキリストの告別の辞の中に、キリスト教における一番深い思想として語られていると思いますが、そこに述べられている聖霊とは、自分はいまこの世を去るけれども、そのあとで、自分のかわりに「助け主《ぬし》」があなたがたひとりひとりの心の中にはいってくるであろう、だからもし、それぞれが心の中にこの助け主を受け入れる用意ができたら、自分のかわりに、自分以上のなぐさめ手となる助け主が、ひとりひとりの心の中に生きてくるだろう、という話をキリストが別れに際して弟子たちにする際の、その助け主、もしくはなぐさめ手のことです。

そのような救い主、もしくは助け主としての聖霊を、キリスト教ではソフィアと考えるのです。したがって聖霊降臨祭の情景を描いた絵が、ルネッサンス以来たくさんありますけれども、聖霊降臨祭の絵には、大抵そのまん中にマリアが立っています。つまりソフィアです。そしてそのマリア＝ソフィアの立ち会いのもとに、天から聖霊がひとりひとりの心の中にはいっていく情景が描かれているのです。

そこで神秘学の場合には、いま言いましたことを全部ふまえて、ロゴスが生まれてくる以前の精神の根源的な営み、言葉や概念や表象等々が心の中にあらわれる以前の、それらを生みだすもとになる働き、それをソフィアと考えるわけです。したがってソフィアとは、本質的にイメージの存在です。イマジネーションもしくは想像力をとおして働くのです。それに対してロゴスは、概念と言葉とをとおして働きます。

以上が本章における序論の部分です。これにつづいてぜひ述べておきたいことが二つあります。

第一に述べたいことは、ソフィアの精神もしくはイマジネーションの精神が同時に融合の精神でもある、と言うことです。それについて述べるために、今この問題を離れて、少しわき道にそれたいと思います。

ふつうわれわれは、小学校、中学校時代から一生の間、社会生活をおくるに際して、常に市民としての生活原則の上に立っています。その際市民とは何かといえば、要するに、ある共通の前提、約束のもとに、互いに相手の権利を尊重し合いながら生きていく人間のことです。当然同じ法律を重んじ、民主主義的な、最大多数の最大幸福を求めながら、多数決の原理に従って生きていくことになります。したがって、多数決の原理に従って市民的な生活態度をとるということは、本質的に言って、妥協的に生きるということにもなります。妥協しなかったら、市民的な生活は営めないわけです。そこで妥協の精神にのっとった学問が生まれてきます。それがヨーロッパの学問でもあったわけです。ヨーロッパの学問には、そもそも二〇世紀六〇年代、七〇年代の「ゲバルト」の思想、暴力論はありません。民主的な平和主義が前提になっているのです。そして平和主義的なこのヨーロッパの学問の本質というのは、ロゴス的なのです。ロゴスの精神にのっとって、ロゴス的に機能しているわけです。そしてもしある思想がロゴス的に機能するならば、その思想は本質的に支配の論理、権力の論理を受け入れることになります。AとBとはどちらが優れ、どちらが劣っているか、という優劣を判定する論理が必ず出てきます。その典型が、大学・高校その他の入試です。一般に試験制度は優劣を判定するためにあるのですから、それは徹頭徹尾ロゴス的な態度のわけです。そしてロゴスというのは優劣を判定した上で、優れている者が優れていない者を支配するというかたちになっていくのです。そしてその場合の最高の支配者、権力者は理性そのものですから、支配者としてのロゴスがそこでは常に問題になってきます。言いかえると、人間の中にはいろいろな種類の働きがあるわけです。本能とか感情とか、意志とか、感覚とか、イマジネーションとか、いろいろな働きが人間の中にあります。

ソフィア的ヒエラルキア

ところがその働きの中で、なにが一番優れているかということをヨーロッパ的に優劣の論理で考えていくと、感性ではなくて理性だ、ということになるわけです。そして理性は理性以外のもろもろの心の働きをも自分の支配の対象にします。このような立場をはじめてはっきり哲学的に語ったのはデカルトで、その立場を合理主義と言います。

合理主義は、自分の中にある主体、もしくは主人を理性と考えています。そしてその理性は自分以外の部分を全部支配します。つまり理性が人間の中の感情、本能、あるいはイマジネーション等々を支配できたときに、理性人として優れた存在、優れた人間ということになるわけです。それは同時に優れた市民ということでもあります。そのようにして、理性的に優れた存在は社会的にも優れた存在になり、そして試験に次々に合格していきながら、最高の権力者の地位を獲得します。その場合の判定の基準が全部ロゴスであるというのが、近代市民的な考え方の根本です。このように、優劣を判定するロゴスの精神は同時に批判の精神であり、存在と存在とを結びつけ、融合させる精神ではなく、その逆にそれらを相互に区別する精神だとも言えるわけです。したがって、ロゴスにとっては批判くらい大事なものはないわけです。批判ができない人間は、そもそも市民として一人前ではありません。批判の精神と畏《い》敬《けい》の念を対比させた場合、前者の精神はロゴスであり、後者の畏敬の念はソフィアであると言えます。そして合理主義の精神の中からは、畏敬の念はその本質上出てくる可能性はないのです。畏敬の念というのは、対象にたえず接近しようとする姿勢であり、帰依の念ですけれども、批判は対象と自分とのあいだに距離をおかないと批判にはなりえませんから、対象をたえず自分から特定の距離においてながめる、というかたちをとることになります。したがって愛の働きが、どちらの側に結びつくかを考えればおのずと明らかなように、ロゴスと批判の精神の働くところには、冷たい世界しか生まれようがないので、近代社会というのは本質的に冷たい社会にならざるをえなくなってくるのです。ところがはじめから終わりまで、畏敬の念と帰依の念だけで生活していたら、文明の成り立つ余地がなくなってしまうので、前に述べましたように、フロイトは畏敬の念のみならず、ロゴス以外のすべての魂の機能には文明を創造する能力がない、といやいやながら考えたわけです。

そこで畏敬の念をソフィアの働きとして考えた場合、果たしてそれが認識の機能になりうるかどうか、というのが神秘学の最重要な問題になってくることは、以上である程度明らかになったと思います。そうすると批判ではなくて、融合ということが、問題になってきます。異質のものを二つ並べたときに、これとこれはちがうんだということを明確にするのがロゴスであるとすると、今までは誰もこの二つを結びつけたことはなかったけれども、もしもこういう観点に立てば、両者は互いに結びつくことができる、と言うことのできる態度はソフィア的です。結びつける能力、それはヨーロッパでは錬金術というかたちで存在していました。錬金術は、いろいろなものを結びつけながら、未知の物質をつくっていったのですから、錬金術の精神は融合にあるわけです。ただしこれは学ではなくて、あくまでも術として機能しています。

そこでたとえば、Aという人が一つの世界観を代表し、Bという人が別の世界観を代表しているとして、このAとBとが互いに話し合ったとします。もしもロゴスの立場で話し合ったとしますと、お前と自分とはここがちがうんだということになるわけですが、ソフィアの立場から話し合ったとしますと、どちらが相手をよりよく理解したかが問題になってくるのです。

ですから一つの世界観が他のいろいろな世界観を自分の中に取り込めれば、それはソフィア的にヒエラルキアが高いということになるのです。ところが相手を圧倒して、相手に自分よりも劣っているということを思い知らせることができるならば、ロゴス的なヒエラルキアにおいて傑出した存在になるわけです。

キリスト教の聖書を読んで非常に興味があるのは、日本語訳の場合には本質的にロゴス的になっていることです。なぜかというと、キリストに対しては、「あなた」という社会的ロゴス的なヒエラルキアの用語を使い、神の方もまた「お前たち」「お前」という言葉を使っていますから。本来のソフィアから言えば、人間が神に向かって、「お前」という言い方をする方がむしろ本質的です。そういうかたちで差別がまったくないところに、ソフィアが存在しているのです。キリストが弟子たちの足を洗って、自分がみんなの足を洗ったということを忘れないでくれと言う、そういう態度がソフィアなのです。

情念としてのマテリアリズム

そこで次に、理性と感性に関する第二の問題として考えていただきたいのは、前述した十二の感覚と七つの生命活動の図式が感性の図式、もしくは感覚の図式だったとすれば、つまり、融合というソフィア的な考え方をとる場合に、判断について、どう具体的に考えたらいいか、ということです。それを考えるときの図式をつくってみたいと思うのです。そうしますと、まず考えていただきたいのは唯物論です。

唯物論に対立するものというと、なんでしょうか、唯神論です。

唯神論の神は、「心」の字を使うことがありますけれども、ここでは、理由はあとで述べるとして、「神」の方を使って、唯神論とします。

これはひとつの対極と考えることができます。

一方に唯物論の立場があり、他方に唯神論の立場があります。万物は神によって作られたという立場と、一切はもともと物質として、物として存在しており、物の複雑な変化、発展の中で、意識が生まれ、精神が生まれ、最後には神が生まれてくるという考え方と、二つ考えられるわけです。そして唯物論の方が、現在はなんといっても納得のいく立場です。もしわれわれの肉体が存在しなくなれば、一切の意識もなくなってしまうし、原子爆弾が爆発したら、一切は崩壊してしまう。もしそうだとしたら、その世界は唯物論の世界としてしか考えようがありません。しかも唯物論、つまりマテリアリズムというときのマテリアは、マーテル（母）という言葉や、マトリックス（子宮あるいは母体）という言葉からきているように、物質という言葉の中には、ある大きな、われわれを包み込んでくれる大地母神的な意味あいもあるわけです。

前にもフロイトとの関連で述べましたように、衝動とは、かつての状態をなんらかの外的な障害によって妨げられている場合に、そのもとの状態にもどりたいという欲求である、とフロイトは定義しました。そして生物にとって一番原初の状態は、物質ですから、物質が生命化されるときに課せられた大変な緊張を解消して、再びもとの状態にもどりたいという衝動、つまり死の衝動をすべての生命体は抱いている。これこそが人間にとっても一番基本の衝動なのだというふうに、フロイトは考えたのです。もしも大地母神的な考え方の中にも、一切の生命存在が、大地にかえろうとする欲求を持っている、という考え方を見ようとすれば、それはマテリアリズムの思想につながってくるわけで、すべては物質にかえっていく、という考え方は理論的にも非常に有力ですが、情念の上でも大変魅力的な考え方である、と言うことができると思います。

ところが唯物論が素朴実在論にとどまらずに、だんだん知的な認識批判が唯物論と結びついてきますと、カントが述べたような発想になってくるのです。すなわち、学問はその中に数字が存在する限りにおいて学問である、とカントは言っているのです。

つまり数学的な原理に基づかぬ学問は本質的に科学とは言えない、数学的に表現されるものがはじめて厳密な意味での科学になりうるということから、感覚的に把握されうる物質そのものというよりも、むしろその数量的関係の方が基本だ、数学的に把握できるときにはじめてものの本質がとらえられるという数理論が、唯物論から派生してきます。

理想論から唯心論まで

ところが数理論をよく考えてみると、決してその存在は数だけで説明できるものではなく、数以外にもさまざまの概念が物質の構造と結びついています。その存在の中にどのくらいイデーが含まれているか、それによってはじめて存在の本質が把握できるという考え方に立てば、さっき言いましたようなデカルト的な合理論が出てきます。合理論の中に含まれている概念をひとつひとつ分析していきまして、その概念の中に、目的とか義務とか善とか美とかという概念をも含めて考えていきますと、その考え方は理想論になっていきます。その対象の中に、それ自身はまだ可能態としてしか存在していない概念内容が内在していると考えますと、理想論になります。

そして唯物論と唯神論が対立していたように、理想論が出てきますと、その対極に現実論が出てくるわけです。

理想論的にものを考えるのはまさに理想論にすぎなく、現実というものはそんなものではなくて、現実はゆるがすことのできぬ、それ自身必然的な営みをもっている、したがってそれを軽々しくこうすべきだ、ああすべきだと言ったところではじまらない、ユートピアをいくら語っても、現実の社会はそれによってなんの変化も受けはしない、そうである以上は現実の社会そのものを直視しなければいけない、等々の発想が、必ず理想論の対極として出てくるわけです。そうしますとひとつの図式ができてきます。けれどもこの図式を更に考えてみますと、理想論というのは、先ほども述べましたように、対象あるいは存在の中に、可能態として、よりすぐれたものを見ていこうとする態度です。この態度は、それがまだ観念にとどまる限りは、理想論なんですけれども、この態度をもっと先へすすめていって、そういう理想が観念にとどまらず、それ自身単独でも存在していると考えることも可能です。そうしますとユングのような思想家の考え方が出てきます。ユングは、すべては心にすぎない、と言っています。どんな大自然科学者の発見した法則でも、それは心がつくりだしたものであり、心の所産にすぎない、だからもし心の存在が幻想であったならば、この現実の一切の存在も幻想になってしまう、存在する根拠を辿《たど》っていけば、かならず心に行き着く――ユングはそういうふうに考えていくのです。そうするとこれは唯心論ということになります。

しかしユングは、唯心論を発展させたにしても、はじめのうちは心そのものを物質と同じように、なまなましい現実としてとらえようとしなかったわけです。たとえば死霊だとか生霊だとか幽霊だとかというようなこととしては考えなかったのです。しかしもうここまでくると、そういう考え方ともほとんど紙一重のところにまできています。ユング自身も自分で幽霊を体験したりしだすと、だんだん近代科学者としての立場があやふやになってきて、晩年は錬金術に没頭したりするようになってくるのです。結局霊たちというのがどうも存在しているのではないか、物質の世界は物質の世界として存在しているとしても、物質と全然別のところに別の現実があって、そこではいわゆる霊たち、あるいは天使たちが、別な世界で別な営みをしているのではないか。さっきの出口王仁三郎は、霊主体従という言い方をしているのですが、霊主体従の考え方から言うと、霊的なものがまず存在して、それにのっとって体の世界、現実の世界が生まれてくる、したがって大本教的な考え方の人は、別に大本教にかぎりませんけれども、われわれが何か実際に行動を起こしたり、何か事件があったときには、霊主体従ですから、霊的世界の結果としてそれが起こったと考えるのです。

逆に言うと、霊的な世界のある型を知れば、それはいつか体の世界で実現するだろうということになって、予言が可能になってきます。そういうかたちで時間的なプロセスから言っても、創造のプロセスから言っても、まず霊界があり、そして体の世界がある、と考える霊主体従の考え方が唯霊論です。

モナード論

ただここで「唯」という言葉をつかっているのは、実はちょっと語弊があります。本来から言うと、これだけが唯一《ただ》つというのではなくて、霊主体従の「主」、つまり基本になるのが、唯物論の場合で言えば、物質なのだという意味です。したがってこれからも、基本的に存在するのは、これこれであると主張する立場が、唯物論なり唯神論なりの「唯」の意味であるととっておいてください。

それでは唯霊に対する唯神論とは、どういう立場でしょうか。唯神論になってきますと、霊的な存在がただ存在するというのではなくて、そこにヒエラルキアを考えます。そして造物主の存在を考え、造物主と救済の問題とを宇宙全体の基本におく考え方になってくるのです。これと唯霊論とはちがいます。唯霊論は霊主体従ではありますが、その場合に創造の目的とか、人間が一種の造物主なのか、それとも被造物なのか、等の問題は出てきません。これらはヒエラルキアを問題とする唯神論にとっての問題です。したがって唯神論の「唯」も、神だけがすべてだというのではなくて、存在の基本に創造する神の意志が、造物主の意志が働いているという考え方であるととってください。

こういう立場の一つ一つは、哲学史を読めば、それぞれの立場の代表者の説として、精緻《せいち》きわまりない論理の下に展開されているのを知ることができます。そしてそれぞれが納得のいく思想を展開できたからこそ、歴史に残る大思想家の説でありえたわけです。その意味で唯神論の立場をもっと概念的にとらえようとしたライプニッツのような哲学者もおります。ライプニッツに言わせると、存在はすべて単子である、と言うのです。この単子論に立つ思想家の中には、ジョルダーノ・ブルーノとかゲーテとかライプニッツとか、もっと古い時代に遡《さかのぼ》れば、エピクロスとか、そういう人たちがいます。彼らはいずれも存在を単子、すなわちモナードと考えたのです。モナードとは何かと言うと、それぞれ発展段階を異にした、しかもそれぞれが完結した表象体、表象存在、表象する存在ということです。つまり一番表象力の活発なのは神です。神になると、表象したら、すぐそれが存在することになりますから、表象と存在が一つである存在を神と言う、というふうに定義ができるわけです。

それに対して地上の世界で最高に表象力の活発なのは人間であり、その人間よりも表象力がもっと暗い、人間でいえば夢のような意識しか持っていない存在が動物であり、眠っている、夢のない眠りを眠っているような存在が植物であり、それから死んだような、人間の死体のような存在が鉱物である、というふうに、全部表象する存在として考えていくわけです。したがって、それぞれ、夢のない眠りを営んでいるモナードとか、夢のような表象を営んでいるモナードとかから全宇宙の存在のヒエラルキアを説明するのが単子論です。そういうモナードが無限に複雑に結びついて宇宙ができている、とライプニッツは考えました。

そのようにモナード論にもヒエラルキアがあるのですが、そのヒエラルキアはいわば抽象化されたヒエラルキアです。ですから単子論は抽象化された唯神論であるとも考えられるわけです。

認識に関する七つの基本

ところが「単子」というような、曖昧で漠然とした観念ではなく、すべてをエネルギーとしてとらえる考え方もあります。単子よりも、むしろエネルギーを考えた方が、存在をより具体的に把握できるのではないか。色とか音とかではなく、そこにある物質の波長のエネルギーとか、あるいは引力、重力等々の力の相互作用とかによって、つまり、あらゆる種類のエネルギーを考察することによって、宇宙の本質に迫ろうとする立場があります。この立場は力動論《ダイナミズム》と呼ぶことができると思います。このように考えてくると、これはもうふたたび現実論と紙一重です。なぜならエネルギーはすべて現実界に顕在化したものであり、現実界で力として作用しうるものであって、ありうべき可能性に思いを走らせることの正反対であるからです。そしてこの思想は近代科学の中では、ロベルト・マイアの「エネルギー恒存の法則」として、自然認識の基本原理と考えられるようになっています。

一方現実論と唯物論との間に、感覚論と現象論をおくことは、特に説明を要しないと思いますが、カントのように現象の背後に認識不可能な「物自体」を想定するのではなく、もっぱら現象そのものの中に本質を見ようとする立場や、前に引用した「感覚は誤らない。判断が誤るのだ」というゲーテの言葉にあらわされている感覚論の立場は、十二感覚論のところですでに述べたように、神秘学にとって非常に重要です。

ところで以上の十二の世界観の座に対して、ちょうど十二の感覚の座に七つの生命活動が結びつくように、七つの認識上の基本的態度が結びつきをもっています。それは占星術でいう黄道十二宮と七つの惑星とのマクロコスモス的関係のミクロコスモス（人間）における対応物である、とシュタイナーは考えています。

七つの基本態度の第一はグノーシスです。ユングは人間の基本的態度を問題にしたときに、思考、感情、感覚、直観という四つの機能の相互関係を論じていましたが、グノーシスとはこの場合の直観に当たるもの、と考えることもできます。つまり対象を見るときに、その対象の本質を直観する働きです。

たとえば自分自身は理想論者と思っている人でも、美術館や展覧会に行って、壁にかかっている絵をながめてもどってきたときに、そこからなんの印象も受けていない理想論者もいるわけです。ところが唯物論者の中にも、同じ画廊を歩いてひとつひとつの絵の本質を深く把握できる唯物論者もめずらしくありません。そうするとその場合には、その唯物論者はグノーシス的であり、理想論者はグノーシス的でなかったということになります。

これはすべての世界観のパターンについて言えることで、それぞれの世界観の本質をどこまで具体的に深く把握できるか、その際のあり方をグノーシスと呼びます。

神秘主義、そしてオカルティズム

第二の立場は論理主義です。論理主義は、その対象に向かったときに、対象の内的構造を因果論的にとらえる能力です。

たとえばヘーゲルのような人物は、どんな問題を考えるにも全部論理的に考えていきます。たまたま大学の講義に出かけていって、自分のズボンのほころびを発見したりすると、いいわけを言うのに、すごく論理的にするのです。ヘーゲルみたいな人は、極端に言えば朝から晩まで物事をすべて論理化して考えようとしますから、日常生活も全部論理化され、どうしてけさはお茶ではなくてコーヒーがのみたいか、ということを奥さんにいちいち論理的に説明したり、という態度が論理主義です。

そういう一番基本的な人間のかかわりあいの姿勢を更に数え上げていきますと、次に主意主義があります。すべてを意欲的に、すべてを意志の発動のもとに行おうとする態度です。こうすべきであるからこうする、などということは本質的ではない、したいからこうするのだ、という態度です。したいと思わないことをやらされると蕁麻《じんま》疹《しん》が出てくるような人もその姿勢に主意主義があらわれています。

ついでに言いますと、意志は、ユングの場合、外向的に働いたり内向的に働いたりして、先ほどの四つの機能とは別に考察されています。

四番目に、経験主義的な態度が挙げられます。これは現実論や、現象論と一見似ていますが、ここで言おうとしている経験主義というのは、唯物論にも合理論にも数理論にも、あるいは唯神論にも力動論にも全部にあてはまって、それが自分にとって経験されるかされないかということが、非常に気になる場合です。たとえば経験主義的な立場の理想論者というのは、あくまでもその理想が、自分にとって大事な経験だったからこそ、理想論の立場をとるのであるし、現実論の場合も同様です。経験的に把握できるかできないかということだけが大事だとする立場は、経験主義的といえるわけです。

五番目に神秘主義《ミスティーク》の立場があります。ミスティークとは、ユングの図式で言えば感情の領域に属します。それが自分自身にとって内的に意味があるかどうかを感情の体験として把握しようとする、そのことに自分の生きがいを感じる立場をミスティークと名づけるわけです。どんな思想も、それが自分の感情にとって、内的にかけがえのない体験として受け入れられないような場合には、その人にとって本質的ではありません。そのかわり、いったんそれが自分にとって本当に内的に切実な体験になったら、それをあらゆるものに優先させて大事にするという態度です。だから仕事の上の神秘主義とか、恋愛における神秘主義とか、あるいは学問における神秘主義とか、あらゆる場合に、ここで言うミスティークな態度は重要な意味をもつことになります。したがって唯物論的な神秘主義者ももちろんいるわけです。ロマン・ロランだったと思いますが、レーニンのことを革命の神秘主義者だと言った人もいました。

六番目に、先験主義という立場があります。トランスツェンデンタリスムスです。これはどういうのかと言うと、今と逆なのです。ミスティークはすべてを内的な体験内容におきかえることではじめて、それと自分との関係を考えることができるわけですけれども、先験主義は対象の背後に本質を見ようとする態度なのです。

カントが物自体ということを言っているのは、まさにカントが先験哲学者であった証拠で、自分と向かい合っている存在、それが物であれ、人間であれ、あるいは書物であれ、芸術作品であれ、そこに本質があるのではなくて、本質はその背後にある、そしてその背後にある本質と自分との間には、渡ることのできぬ深淵《しんえん》が横たわっているという考え方です。基本的にそのような生き方をしている人がいます。「そんなことを言ったって、とてもそれはわれわれの手にはとどかないよ」というような言い方をする場合も、先験主義的と言えないことはありません。

最後はオカルティズムです。オカルティズムというのは、対象と自分との関係を考えるときに、従来の関係と全然ちがった関係をもとうとしたり、あるいは別様にものを把握しようとしたりするのを好むような場合にはじめて問題になります。日常的な認識の仕方とはちがった、別様な認識の仕方に絶えず関心をもつ人がいます。日常的にわれわれがもっている認識の仕方で百パーセント満足していれば、そもそもオカルティズムは、問題になりえないのですけれども、そうではない見方があるのではないか、ということが絶えず気になる場合に、そういう態度をオカルティズムというのです。

オカルト的な生き方

こうして、以上七つの基本的な姿勢と十二の世界に対する見方とが結びつくと全部で八十四種類となりますが、そのさまざまの結びつきの中で、われわれひとりひとりの判断力が形成されているわけです。ですから神秘学を研究する場合の基本は、まず十二の世界観、それから七つの基本的な姿勢のそれぞれを具体的に自分の中に生かすことです。誰かと対話するときに、あの人は今あんなことを言っているけれど、あの人は今おそらくは、数理論的に、しかも経験主義の立場で発言している、あんなことを言っているけれども、あれはきっと今オカルティズムのかたちで、自分の今までにないことを言ってみようとしているんだな、とか、そういう相手の発言の基本的な姿勢が、明確に自分の中で生かせれば、はじめて融合の問題が、ソフィア的な意味で把握できたことになります。

ところがロゴス的な立場は、このひとつひとつをできるだけ具体的に、かつ確実に理論化していって、それによって自分の立場が他の立場よりもすぐれているということをなんとか論証しようとします。しかしロゴス的な態度に終始するかぎりは、そのロゴスを生みだした源泉、つまりロゴスの母である自分なり相手なりのソフィアが今どの座に位置しているかということを問題にはしないのです。けれどもロゴス的な個々の立場を真に生かすためにも、ここで問題なのは、それぞれのロゴスがどの座に位置しているかです。

この世界観図はルドルフ・シュタイナーが一九一六年ごろに、かなり長い期間をかけて作り上げた図なのですけれど、シュタイナーはこれをつくりあげたときに、この図には外見上理解できるものとは全然ちがった意味もその中には含まれているのだということを、暗示しています。

それは何かと言いますと、彼はこの図を次のように受けとってくれ、と言っているように思えるのです。つまり左側の理想論のところから、牡羊座《おひつじ》、牡牛座《おうし》、双子座《ふたご》、蟹座《かに》、獅子座《しし》、乙女座、天秤座《てんびん》、さそり座、射手座、山羊座《やぎ》、水瓶座《みずがめ》、魚座、これらはシュタイナーに言わせると、神秘学的な占星術、いわばロゴスの黄道十二宮であると言うのです。そしてグノーシスから順次、土星、木星、火星、太陽、金星、水星、月、こういうようにそれぞれを対応させていきます。そして占星術には、出生天宮図というものがあります。生まれたときの場所と時間とによって、天空にどういう星座がかかり、そして、そのときに七つの惑星のそれぞれが、どこに位置しているか、人と話をするときに、あるいはある思想なり哲学なりを読むときに、その思想によって表現されているものが、どういう星座に位置しており、どこにどの惑星が姿をあらわしているか、シュタイナーはそういう仕方で考えてくれと言っているように思えるのです。いわば途方もない宇宙的ないのちのいとなみの図のようです。

したがって一つの星座、たとえば乙女座にグノーシスとオカルティズムと論理主義とが同時にあつまっているという場合もあるわけです。そしてその全体の中心には地球であるわれわれひとりひとりが位置していて、自分の眼から見て、いったい精神の天空全体の位相がどうなっているのか、それを考えるようにと言っているのです。したがってこの図式を、この前の十二感覚と七つの生命活動と同じように、いつも自由に心の中に浮かびあがらせることができるくらいに、いきいきとイメージできるよう

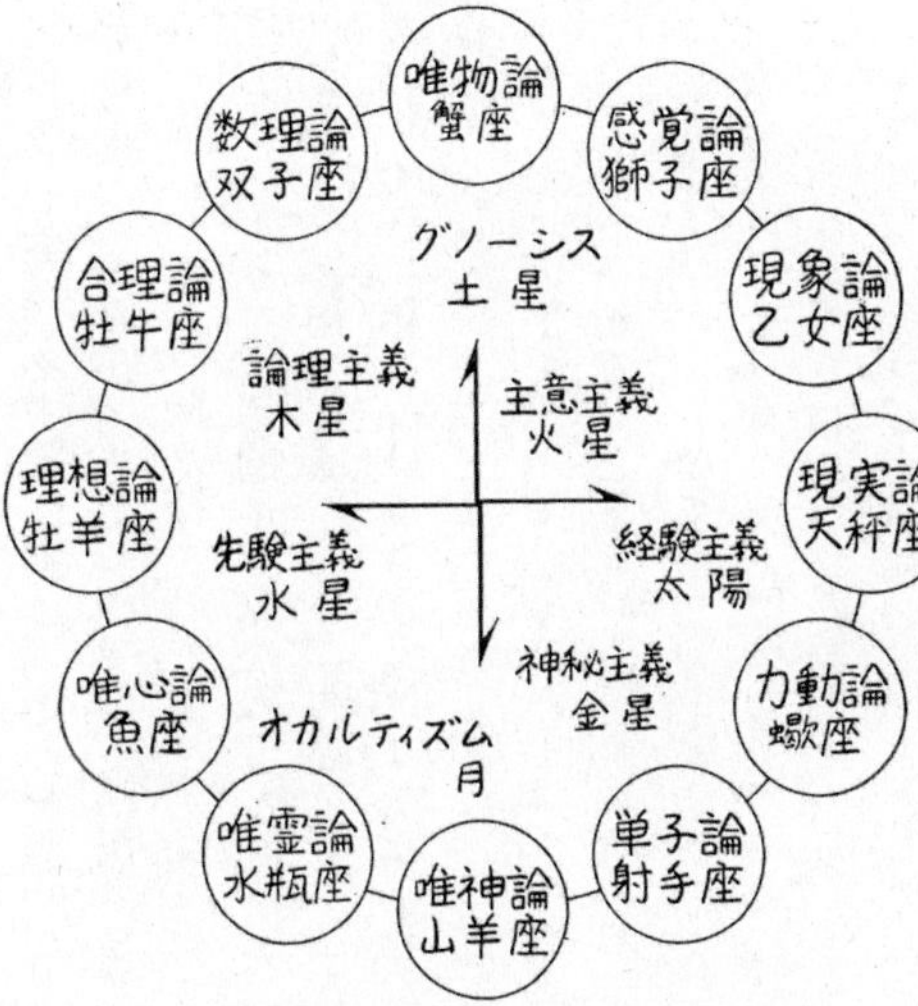

十二の世界観図

になっているなら、すでにその人はオカルト的な生き方を始めていると言えるわけです。そしてこれこそ融合の、つまりソフィア的な精神を生き始めるということです。ところが相手と自分との関係で、相手の矛盾をついてやろうとか、まだ相手はあのぐらいの段階にしかいないのかとか、あれは十年前の自分の考えていることだとかいう発想になってくると、もっぱらロゴス的になってくるわけです。

精神の冒険としてのオカルティズム

このへんから本来の神秘学の領域にはいっていくことになるわけですけれども、その前に、神秘学が一つの精神の冒険を要求しているということも、ここでお話ししておきたいと思います。

ふつうの日常的な意識の世界に生きる限り、先ほどのオカルティズムのところでも言いましたが、その限りでは、オカルト的な世界とは無関係であり、何も問題はないわけです。したがってその中で何の不満もなしに一生を送ることができます。非常に立派な人物で、立派な徳をつんで、人間に対する愛情も深くて、立派な社会的な仕事をしている人、道徳的に立派な人でオカルティズムに無縁な人はいくらでもいます。しかし、神秘学にあらためて関心をもつことになってくると、今までとはちがう生き方がそこに結びついてこなければなりません。ですからそのこと自体大変な冒険になってくるのです。

たとえば大学で私が美学や西洋美術史の講義をしていたとき、そのころはちょうど大学闘争のさかんなときでした。全共闘の闘士であるとても優秀な女子学生のひとりが、卒論を書くということで話しにきました。シュルレアリスムを研究するということなのです。シュルレアリスムというのは、ご承知のとおりオカルティズムと深い関わりがあります。われわれのもっているオカルト的な能力は、みんなそれぞれあるのですけれど、それが一番端的に出てくるのは、なんといっても夢ですから、オカルト的な体験をもとうと思ったら、夢をノートするのが一番てっとり早いわけです。本当にシュルレアリスムの研究をするのだったら、まず夢の記述からはじめるのが当然なので、その話をしますと、こわいからいやだ、と言うのです。全共闘の闘士だからこわがらないのかと思ったら、こわいと言うのです。たしかに夢のノートをとりはじめると、無意識の領界に関わってきますから、たしかにこわいということになると思います。しかしオカルティズムの問題は、それ以上にこわいといえばこわいことになってきます。何が一番こわいかと言いますと、私たちは日常、夜疲れて眠ります。眠っている間に、体力も、それから魂のいろいろな能力もいったん休息して、次の朝起きたときには、気力も体力も回復しているのがふつうです。そしてこの体力や気力を回復するエネルギーとオカルト的なエネルギーとは同じなのです。ですからオカルティズムが神秘学という学問の理論的側面だけを問題にするならともかく、しかしその場合でさえもすでに、酒をのみ、テレビを見て寝て、次の朝気持よく起床するというときの、睡眠中自分の体力や気力の回復に使っていたエネルギーも、霊的な能力に由来しているのです。

したがってはじめから夢中で、メディテーションやヨガの呼吸法をしだすと、よく病気になる人が出てきます。それはひとつには、いま言ったような意味で、同じ生命のエネルギーの一部が、肉体や魂の機能を健全に維持する方へ流れていかないで、別な方に流れていくからなのです。

特に問題なのは、十分に強靱《きょうじん》な認識の力をつくる前に、たとえばある誰か、そういう能力のある行者さんに、外側からそういう能力をつけてもらうとか、あるいはドラッグをのんで、そういう体験をするとか、そういうことをやりはじめますと、危険性が非常に大きくなります。

それを防ぐためには徹頭徹尾、意識的でなければなりません。これまでに述べてきたことは、その意味での認識の道具として有効な内容になりうるように努力しました。たとえば世界観の問題とか、感覚の問題とか、あるいはプログレッシヴとレグレッシヴの問題とかはオカルティズムにとって一つの認識上の武器、もしくは盾になるものです。自分自身が自分自身の心の動きを明確に認識できるような道具を身につけることができなければならないのです。

もちろんそういうことなしでも、オカルティズムをはなれても、先ほど述べた世界観や基本態度の問題、あるいは感覚の問題は、十分に日常生活の大きな武器になると思います。しかしオカルティズムにはそういう意味があるということを考えていただきたいのです。

次に、そういう認識の光を自分の中にもちながら、ユングの図式で言えば、思考と感情と感覚と直観のあり方を、実際どう統合化するかという問題が出てきます。どのようにして、魂の諸機能を統合していくのか、統合化の具体的な道です。それをディオニュソス的秘儀とアポロン的秘儀の問題として、次に取り上げたいと思います。

第四章　秘儀とその行法——アポロン的とディオニュソス的

二つの秘儀

これから神秘学における実践的な諸問題を取り上げるつもりですが、前章のおわりでふれましたように、神秘学における意識の統合化の具体的な道は、古来、二つの道として伝えられてきました。つまり、エジプトやギリシアの時代から現代に至るこの神秘学的な道を「秘儀」という言葉で表現するなら、秘儀には二つの秘儀があったのです。第一の秘儀はどういうことかというと、われわれが外に向かって感覚を働かせる場合、その外の世界がヴェールにおおわれているので、そのヴェールをかかげる行為が、この秘儀の行き方になるわけで、それをわれわれはアポロン的秘儀と名づけようと思います。

それに対して第二に、人間には自分の内部に感情とか、意志とか、表象とか、さまざまの精神の世界があるわけですけれども、その内面の世界にもヴェールがかけられている、そのヴェールをかかげる道をわれわれはディオニュソス的秘儀と名づけます。したがって、アポロン的秘儀は、外なる世界に向かって存在の秘密を探究する道であり、ディオニュソス的秘儀は、自分の内面への道を、無意識の世界の奥底にまで降りていこうとする、そういう道であるとも言えるわけです。

昔からこの二つの道ははっきりわかれていました。外部の世界で出会う神を、明らかなる神という意味で、顕神、内部の世界で出会う神を幽神と呼ぶことで、顕界の神々と幽界の神々とを区別してきたのです。また、アポロン的秘儀の方を秘儀における大道、ディオニュソス的秘儀の方を秘儀における小道、という言い方もしてきました。

この二つの道のうち、ディオニュソス的秘儀である、内部に向かう秘儀は非常に危険な道なので、この秘儀は、一般に非常にきびしくかくされていました。それを公開することはゆるされていなかったのです。むしろより安全な、アポロン的な、外への「大いなる秘儀」の方が、一般に知られていたのです。

このことの理由は、少し考えれば明らかです。なぜなら外なる世界とわれわれの精神の営みとのかかわりあい方を見ますと、たとえば光とか色とか、暖かさ、冷たさ等々、外界からわれわれの方に向かってくるさまざまの作用の中には、それ自身善とか悪とかはありえません。あの木は善の木だとか、あの光は悪の光だとかいう言い方は、ありえないわけです。その意味では道徳的に、もっぱら中立的に、大自然は外から人間の方に働きかけてきました。しかもつい最近までは、人間の方からもその大自然に向かって、環境破壊的な意味で働きかけることはありませんでした。むしろ一方的に大自然が、人間の方に働きかけていたのです。

大洪水や大地震が起こるとか、火山が爆発するとか、そういう大自然の作用を前にして、人間たちは非常に無力だったわけです。ところが内部への道はどうかというと、そこにはありとあらゆる善の働き、悪の働き、悪意と善意とがすぐにあらわれてきてしまいます。そのため、もし内部の世界そのものがにごっていたとすれば、そのにごった世界を覆っているヴェールをいきなりとり去ってしまえば、何がそこにあらわれてくるかというと、そのにごった内心に対応するような悪霊的な力がそこにあらわれてくるのです。ですから人間が内なる世界の神々と出会うためには、それに耐えうる強い意志と、健全な魂とを必要としたのです。

もし悪意をもった人間が、内なる世界の神々と出会ったならば、ただちに悪魔と契約するようなことになりかねません。その人は自分のエゴイスティックな欲望をもってその契約を取り結ぶことでしょう。ですから、ディオニュソス的秘儀は古来厳格に秘せられ、長い間いろいろな行をつんだあとで、はじめてこの秘儀への参入が許されたのです。

アポロン的とディオニュソス的

そこでアポロン的秘儀の問題からはじめたいと思うのですが、アポロン的秘儀のことを話す前に、なぜアポロン的という言葉を使うのかということを、一応お話ししておきたいと思います。アポロン的、ディオニュソス的という言葉は、実はロマン派の神話学からとってきた言葉です。クロイツァーとかフリードリヒ・ヴェルカーとか、そういうロマン派の神話学者が、そういう二つの対立する概念を使い、そしてそれがニーチェにも取り上げられて有名になったのです。しかし普通、アポロン的、ディオニュソス的というときには、ニーチェを思い出します。初期のニーチェには有名な『悲劇の誕生』というすばらしい美学論文がありますけれども、あの論文以来広く使われるようになった言葉なのです。ふつうは『悲劇の誕生』といわれていますが、正しくは『音楽の霊からの悲劇の誕生』という表題です。音楽のスピリット、霊界の中での音楽、われわれとの関連で言えば幽神、つまり『幽界の神である音楽の霊から生まれてきた悲劇論』というのをニーチェが書いたのですが、それを読みますと、非常におもしろいのです。

何がおもしろいかと言いますと、ギリシアの神話的な王様であるミダス王が、人間とは何かということを知りたくて、有名な賢人であるシレノスという牧羊神を散々追いまわして、いったい人間とは何かと問いつめる話が出てくるのです。そうすると、初め老賢者であるシレノスはしぶって、なかなか白状しようとしなかったのですけれども、あまりにしつこく尋ねられるものですから、とうとう突然大笑いをするのです。

そして「馬鹿な人間たちだなあ、お前たちは。ごくわずかな時間しか生きられないお前たちが、なんでそんなことを訊《き》かなければいけないのだ」と言うのです。そして更に、「人間にとって一番いいことは、生まれてこなかったことだ。その次にいいのは、一刻も早く死ぬことだ」と言うのです。

その言葉をニーチェが引用します。そして、人間は地獄のようなところを生きている。けれども、地獄のようなところを生きているからこそ、それに見合うだけの美的な仮象の世界をつくらざるをえないのだ、と考えるのです。ちょうど拷問をうけている人間が、拷問の果てに、恍惚《こうこつ》として美しい世界を思い浮かべるような、そういう世界がアポロン的な世界であって、そして現実というのは拷問を受けている者にとっての拷問の状態そのものなのだ、と言うのです。したがって文明とか文化とか芸術とかの美しい石の一つ一つをとりのぞいていって、最後の土台にまで達したときには、とんでもない地獄の光景が見えてくるはずだ、と言うのです。そういう苦悩する人間の見る美しい夢の世界を「アポロン的」とニーチェは名づけたわけです。

そしてニーチェの場合のディオニュソス的とは何かと言うと、そういう現実が一方にありながら、人間は全然別な道を通って、存在の根底の秘密に到達することができる、とニーチェは考えるのです。アポロン的な夢の世界を幻想としてつくるのではなく、存在そのものの根底に直接おりていくことで、その根底と自分とを一体化するという、徹底的に地獄に降りていこうとする生き方です。そこでは生命が限りなく灼熱《しやくねつ》して、ひとりひとりの人間の存在がそこでは解消し、消失してしまうかもしれないけれども、しかし生々しい、生きる意志と人間の意識とが混然として一体になってくるのだ、と言うのです。そのくだりを、原文通りに引用したいと思いますが、その前のところでニーチェはくわしくディオニュソスの祭りのことも説明しています。トラキア、あるいはフリギアの、古代東方からきた祭りなのですが、その「バッカスの祭り」では、女たちが毛皮をまとい、手には蛇と刀を持ち、そして異様な服装で、集団的な熱狂に陥りながら、山を駆けのぼっていきます、その情景を描いています。そして女たちは動物を見つけると、自分たちの持っている刀で切り殺しながら、その血をのみ、ますます熱狂していきます。手に持っている蛇をぐるぐるふりまわしながら、山の上に駆けのぼっていく、その情景を描いたあとで、彼はこんなふうに書いています。

太陽神アポロン

「世間には、経験の不足、あるいは鈍感さのために、このような現象が（筆者注――いま言いましたバッカスの狂乱のような現象が）、まるで民族的な病気ででもあるかのように、自分を健全とする感情を一方に抱きながら、軽蔑《けいべつ》したり、憐憫《れんびん》を抱いたりして、そこから背を向ける人たちがいる。このような人たちは、自分たちをもちろん健全でかしこい人間だと思っているけれども、もしディオニュソス的な熱狂者たちの灼熱する生命が、彼らのかたわらをざわめき通りすぎるとき、他ならぬその人たちの健全さが、どんなに死んだ人間のような色を呈し、幽霊のように見えることだろうか。それをその人たちは夢想だにしていない」

ニーチェは、神話学者としてオカルティズムそのものについて語っているわけではありませんから、このように書き、そのあとは音楽とこの熱狂とがいかに共通しているか、というふうに話をすすめていくのですけれども、こういうニーチェの表現、一方では殉教者、あるいは拷問を受けた人間の夢、他方では人生の地獄のような苦悩の中にすすんで自分を一体化しようとする、そういう熱狂、この二つがニーチェにとってもっとも秘儀に近い世界であった芸術の二つの類型だったのです。

アポロン的ということから、今度はアポロンそのものに話を移したいと思います。アポロンとは、言うまでもなく、光の神もしくは太陽の神です。ところがギリシア神話には二通りの太陽神があり、もう一方の太陽神をヘリオスと言います。つまり、あけがた東の空から荒れ狂う天馬を御しつつ天空にのぼっていき、夕方になると西の方、オケアノスの海にはいっていって、そして夜になるとそこから黄金の盃《さかずき》に乗って、再び東の世界に帰っていくという現実の太陽としての太陽神が一方にあるのです。

しかし太陽神としてのアポロンは、この太陽とはちがうのです。アポロンはもともとデロスの出身と言われています。デロス島で、夜、アポロンが生まれますと、あらゆる神々がこぞって祝福を与えました。そうするとデロス島全体が黄金の光につつまれ、人々は調和と秩序の世界を体験した、と神話に記されています。そのアポロン神は現実の太陽ではなくて、一年のうちの春から秋にかけて、この世つまりギリシアの世界に存在しながら、その風土の光をアポロンの矢、アポロン的な力でつらぬいているのです。そして秋になりますと、白鳥に乗って、はるか北の果て、ヒュペルボレイオスという極北の地に帰っていきます。それから春になりますと、白鳥に乗って、またこの世の世界にくるというのです。春、ヒュペルボレイオスからこの世の世界にもどってきますと、前に述べたデルポイの聖地に来ます。神話によりますと、そこには昔から、太古の時代から、独特な霊気が洞窟《どうくつ》の穴から立ちのぼっていて、それが竜のようにそのあたりをとりまいていました。竜の霊気です。ちょうどスサノオノミコトの神話と同じようなのですけれども、そのピュトンといわれている竜の霊気がアポロンの神気によって満たされますと、そこに予言をする能力が生まれてきた、と言われているのです。これがデルポイの神託の発祥です。したがってそこの巫女《みこ》たちは、洞窟を通って大地の奥底から流れてくる霊気にひたり、脱魂状態になり、ちょうど日本の神道でいう鎮魂帰神でしょうか、気をしずめて、神がかりになりますと、いろいろな神託を語るのです。その神託はきわめて簡潔に述べられます。ギリシアの七賢人がデルポイの神託にふさわしく、最高の叡智《えいち》に簡潔な表現を与えることができたのもアポロンの加護があったからなのでしょう。そういう神話上の神が、アポロンなのです。

このアポロンは、生まれたとき、一方の手に盾を、他の手に竪琴《たてごと》を持っていました。竪琴は人間の感覚のひびきの表現です。昔から弦楽器の弦はそういう人間の感性のシンボルになっています。竪琴を持っていることで、アポロンは音楽の神でもあるのですが、同時に混沌《こんとん》とした人間の意識に知性的な秩序を与え、カオスをコスモスにかえる力でもあります。したがってアポロンの盾というのは、同時に学問と叡智の盾でもあるのです。

そういう意味のアポロン神の働きをアポロン的と呼んでいます。

そしておもしろいことには、アポロンの一番の後継者と考えられるのは、人間の世界では、オルペウスなのですから、アポロン、オルペウスという、要するに音楽の、というよりもギリシア文化全体の創造者は、原始キリスト教の場合には、キリストのことともされていたのです。

原始キリスト教の図像表現では、キリストはアポロンやオルペウスとして表現されていました。原始キリスト教におけるキリストも太陽神でしたし、古代ギリシアにおけるアポロンも太陽神でした。そしてこのような太陽神が外なる大自然の秘儀、大秘儀道、つまりアポロン的秘儀の主神であったのです。

四つの行——読書法、形象の解読

それではこのアポロン的秘儀そのものの内容に話を進めていきたいと思いますが、具体的に話を進めていくために、アポロン的秘儀と結びついた行の問題をここでは取り上げたいと思います。行というのは秘儀に参入するための具体的な方法ですけれども、それは四つあります。

これはどこに出てくるのかというと、ルドルフ・シュタイナーの初期の、『ローゼンクロイツ派（薔薇十字派）の神智学』ならびに『神智学の門の前にて』という二つの講演集の中で、アポロン的秘儀のことが具体的に書かれています。シュタイナーがアポロン的秘儀をどう理解し、どのように現代の問題として捉《とら》えていたかについて、述べたいのですが、彼はこれらの書物の中で、アポロン的秘儀のための行として、いま言いましたように、四つ述べています。その第一は「読書法」です。

読書は自分の精神を外へ向け、外なるさまざまの思想と自分の思想とを結びつけるための一番の根本的な学習ですから、まず読書が「行」の意味でできなかったら、現代の文明社会の中に生きる者にとって、アポロン的秘儀は成り立たない、と彼は考えていました。ただし秘儀の道としての読書法はふつうの読書法とはまったく意味がちがいます。

どうちがうのかと言いますと、これは前に話した十二の世界観の問題と直接結びつくのですけれども、自分がどの世界観に属しているのかということから一度完全に離れ、どんな書物に対しても、その書物にはその書物の存在する根拠があるはずだ、という観点から、十二の世界観あるいは七つの基本態度におけるその書物の根拠を見ようとする、そういう読書法になるわけです。したがってその際、その本の中に何が書いてあるかに注意を向けるのではなく（何が書いてあるかに注意を向けるのでしたらふつうの読書法ですけれども、そうではなく）、その書物の中にどのような思考のプロセスが展開されているかという、思考のプロセスを徹底的に追体験するのです。

たとえば古典といわれている本、さっき言いましたニーチェの『悲劇の誕生』でもあるいは『ツァラトゥーストラ』でもいいし、『ファウスト』やブレイク、ランボーのような詩人の作品でもいいし、あるいはカントの『純粋理性批判』のような哲学書でもいいのですけれども、それをアポロン的秘儀のための読書法の対象にする場合の読み方は、何十頁かをいっきに読むというのではなく、一頁か二頁のごく限られた範囲の内容を読むのです。読みましたら、本を閉じてもその思考のプロセスが初めから終わりまで辿《たど》れるように、自分の心の中でくり返してみるのです。もし途中でその思考のプロセスが続かなくなったら、本をひらいてもう一度、この部分からこの部分への発展はどういうふうになっていたかを確かめます。仮にその読書に十五分かかったとしますと、十五分かけて読んだ内容を五分間ぐらいかけて、もう一度追体験してみます。途中でまたその思考のプロセスがとぎれれば、何度でも本をひらいて、そこを確かめてみるのです。

この方法にとって一番具体的で有効なのは寝る前にそれをすることとです。そして翌朝目が覚めたらもう一度それをくり返し、更に昼間人と待ち合わせているときでも、どんなときでもいいのですが、このプロセスを、今度は一分か二分の間に辿れるようにするのです。もしそのとき、この思考過程がまるで自分の思想であるかのように体験できたら、一番望ましい成果をあげたことになります。このような行為を毎日くり返しますと、自分の思考作業に非常に良い影響を与えることができる、とシュタイナーは語っています。

第二の行は自然の形象の解読です。ゲーテが「すべて無常なるものは比喩《ひゆ》にすぎない」と述べているように、どのような形象の中にも、その象徴的な意味を見つけ出すことができます。すべての存在は見方次第でいろいろな様相をあらわしてきます。その意味では、どのような存在も多層的なあり方をしている、と考えることができます。

たとえば人が歩いているのを見て、それが誰なのか知ろうとすることもできますし、その歩き方からして、男か女か、老人か若者か、健康な人かそれともからだのどこかに故障のある人かを知ることもできます。更にそこから歩いている人の気質や性格を読み取ることさえ可能です。雲のかたちにさまざまのイメージを読み取るのは、われわれが子どものころからよくやることですが、その場合にも、単なるわれわれの主観的な感情をそこに投影させることもできるし、あるいは天候の推移をそこから読み取ることもできます。あらゆる形象にそのような態度で接しようとするとき、それが第二の自然形象の解読、自然の比喩の解釈になってきます。言いかえると相貌《そうぼう》学ということでもあります。相貌学でも人相学でもいいのですが、要するにあらゆるものに人相を見る態度です。人間の顔は見分けられますけれども、どんなものの中にも、そのもの特有の表情あるいは相貌があるという見方です。

一番はっきりしているのは、なんといっても芸術作品の相貌ですから、芸術作品を見て、その作者の心の状態を考えるとか、この作品はどうしてこんなに重たい感じを与えるのだろうとか、この作品はこんな暗い世界を描いているのに、どうしてこんなに光があるのだろうとか、そういうふうに見る見方もこれにあてはまります。これがアポロン的な秘儀にとっての非常に重要な道のひとつなのです。

第三の行は、いわゆるオカルト文字の解読です。第二の場合と共通したところがありますが、先ほどの場合は形象の中に何らかの意味を読みとることでしたけれども、今度の場合はもっとむずかしくて、霊界からの語りかけを読みとろうというのです。前に言いました霊主体従という考え方から言えば、アポロン的世界は体の世界ですから、必ずかたちがあるわけですが、そのかたちの中に霊の作用を読みとろうとするのです。体的な存在も霊的な世界からの委託をうけているからこそ、そこに存在している、という観点を、ユングは晩年徹底的に追究しました。

ユングの本を読みますと、非常に興味があるのは、霊主体従的な問題を晩年、パウリというスイスの有名な物理学者と共同研究して、そこに「共時性」という概念を適用しようとしています。この概念はまさに「オカルト文字の解読」にとっての大きな武器になる概念です。

「共時性」についてのユングの論文を読みますと、非常におもしろく、いろいろな示唆が与えられます。どんなことを言っているかと言いますと、たとえばもし誰かが昼間電車に乗って電車の切符を見たとき、たまたまそこに、４３０２という番号を見たとします。それから家にかえって、またたまたま、誰かに電話をしたくなったときに、電話帳を見て、もしそこにも４３０２という電話番号があったとすると、この二つの間にはどう考えても因果関係は成り立たないが、しかし、たまたま同じ日に、同じ番号を二度も見たのはどうも変だ、というのがユングの考え方の出発点になっています。さらに、そのあとで買物に行ったときに、またたまたま一万円札をとり出してみたら、そこにも４３０２という数字が出ていたとしたら、この確率は何億分の一になるかわかりません。それにはどこかに意味がなければ変だ、どこに意味があるのだろう、と考えていきます。そこで実際に起きたそういう一つ一つの現象を、ユングは長年かけて集めだしたのです。

それと同時に、ちょうどそのころユングはリヒアルト・ヴィルヘルムという中国学者と知りあいまして、ヴィルヘルムから「易《えき》」の本をもらうのです。それで易を研究してみると、ともかくすごくおもしろくて、どう考えても西欧人であるユングのような、因果論で徹底的に理論的に考える訓練を積んだ人間にとっては、さっきの電車の切符の番号と電話番号とお札の番号との共時性と同じように偶然としか考えられません。たとえば貨幣を六個使って投げることで、人の運命をうらなったり、その六個の貨幣相互の間に関連があると考えたりすることは不可能なのですけれども、ともかく彼が夢中になってそれを練習しますと、どうも当たるというのです。どうも当たる、ふしぎだというので、夢中になって、徹底的に、ひと夏くらいかけて、易の研究をするのです。

そうすると当たるものですから、これもまた確率が何億分の一かになるひとつの意味だと考えまして、それをなんとか学問の中に組み入れられないだろうかということで、物理学者パウリと相談しながら、それを何らかの意味の法則性と結びつけようとするわけです。そのために彼が何をしたかといいますと、今度は占星術を取り上げるのです。彼は精神病理学者で精神医ですから、何千人という患者を扱うわけで、その患者たちの結婚の天宮図というものをつくるのです。

天宮図、出生天宮図というのはご承知だと思いますけれども、生まれた時間と場所とによって、そのときの黄道十二宮の位置と太陽や月や惑星の位置とを図面に描きこみます。そしてそこに出てくる図形を読みとるのが、占星術です。ユングは任意の夫婦の出生天宮図を調べて、そして相性のいい夫婦にはどういう天宮図があらわれているか、また統計をとっていきますと、それがどうも偶然とは言えないように、相性のいい夫婦には相性のいい天宮図があらわれていることを、彼は感じるわけです。

それにもいろいろなプロセスがあったようです。一回目の時はあまりにあいすぎるのでびっくりしますと、「メルクリウス」とユングが名づけている霊が眼の前の壁かなにかから姿をあらわして――彼は霊能者なので、そういうことを始終見ているのです――笑っているものですから、これはことによるとメルクリウスにだまされたかな、と思ってまた統計をとりなおすと、こんどは全然狂うとか、いろいろな過程があったらしいのです。

このことは晩年のユングの助手だったマリー＝ルイズ・フォン・フランツというユング派の代表的な女性の心理学者が、『ユング――現代の神話』という本の中で書いています。彼女はユングと一緒に仕事をしながら、ユングのオカルト的な側面を追究していたのですが、その時のことをこの本の中で詳しく書いているのです。そのときのユングの生き方というのは、まさにオカルト文字の解読にほかなりません。偶然は、さっき言いました霊主体従から言うと、全部意味があることになります。日常生活のありとあらゆる偶然の中で、ふつうだったら単なる偶然として見過ごしてしまうようなことに、意味があるのではないかとあらためて考えようとする、そういう態度が「オカルト文字の解読」です。

たとえば午後三時に電話がかかってきたときに、午後三時に電話がかかるというのは日常いくらでもあることだから、まあ当然だろうというふうにも言えるし、いったいなぜ午後三時にほかならぬ誰それさんが自分に電話をかけたのだろう、その背後に何かオカルト的な意味があるのだろうか、と尋ねることも不可能ではないわけです。

そのようにして、それが偶然かもしれないし、あるいは何か別な意味があるのかもしれない、そういうことを絶えず意識するかしないかということで、「文字」の解読の見方がかわってきます。今度は有意味な場合に遭遇したときにぴんときて、こんなときにあの人から手紙がきた、とか、こういう夢をみたときに、この人の訪問があったとか、そんなふうに、因果論では絶対に結びつきようがないところに、結びつく可能性の意味を見出《みいだ》そうとする態度をオカルト文字の解読と言うわけです。

これもアポロン的秘儀の大事な道の一つです。

第四の行――意志・感情・思考のコントロール

四番目、これは非常に大事なことなんですけれども、感情や意志とも関係してくるので、すでに半分はディオニュソス的秘儀の領域であるともいえます。たとえば前節の最後に述べた、因果論的に説明のつかない問題を考えるということは、ひとつのオカルト的な態度をとることになると思うのですが、そういう仕方の読書法に集中していきますと、われわれの内部で今まで使っていないエネルギーが使われることになります。その使い方によっては、前に述べましたように、眠っているときの自分の気力・体力の疲労を回復させるエネルギーと同じエネルギーがそちらの方に流用されていくことが、ありうるわけです。

ちょうど新陳代謝のエネルギーと思考のエネルギーとが共通であり、したがってセックスも抽象的な学問も同じエネルギーを必要としているように、日常やっていない集中力を使いはじめると、その集中力が必要とするエネルギーは、今まで他に流れていたエネルギーのはずですから、からだの健康について今まで以上に意識的にならなければいけなくなってきます。

それと同時に、今までは幸せにも日常生活の中で、自分の中のいい能力、悪い能力がいつも混合していたために、その人の本当にすぐれた部分も本当に悪い部分も目立たず、互いに相殺し合っていました。つまり個性的ではなかったかもしれませんが、市民的な生活を安定して営んできました。

ところがある時点から突然内面生活に変化が生じますと、つまり汚れていた部分がたとえばコップの底に沈澱《ちんでん》するように、心の底にたまり、そして汚れてない部分が次第に透明になっていくというかたちをとりますと、今度はその人の持っているネガティブな傾向も、今まで以上にはっきりしてきます。たとえば、何気なく、嘘をつかなくてもいいのに嘘をつく傾向のあった人は、ますます嘘を、つかなくてもいいのに、つきたくなるとか、なんとなくものを悲観的に見る傾向のあった憂鬱《ゆううつ》質の人は、ますます悲観的に見て、どうしていいかわからないくらいの不安におそわれるとか、人間に対して冷酷な態度をとっていた人は、もっと冷酷な態度をとるようになるとか、内的変化に応じて、より以上の力が一方に流れていくために、魂をコントロールすべき自我がパニック状態に陥るのです。ですからユングの言うように、まだわれわれの中で赤ちゃんとしてしか育っていなかった自我をより成長させて、自我のコントロールする力をどうしてももっと強めていかなければいけなくなるのです。自我を育てていって、自分の本能的、気質的な傾向がとんでもないところにまで突っ走ろうとするような場合、それをコントロールしていかなければいけないのです。

一面化が一番はっきりあらわれてくるのは、思考と感情と意志という魂の三大能力です。思考型の人はますます思考型に、感情型の人はますます感情型に、そして意志型の人はますます意志型になっていくのです。

たとえばとても頭がよく、ものわかりもよかったのに、その人が感情的にこっちの方がいいと思ったら、今まではそのすぐれた思考が歯止めをしていたのに、今や思考が全然別なところにいってしまうので、その感情の主張どおりに魂が順応してしまいます。嫉妬《しっと》や憎悪がむき出しに出てきても、それに歯止めがかけられません。あるいはいったんこうと決めたことは、あとから考えて、しない方がいいのではないかと、思考がそれに歯止めをかけようと思っても、意志型の人は、ともかくいったん決めたんだからということで、それをやらないと気がおさまらないというふうになってきます。

思考型の人の場合、感情的にそんなことは非人間的なのではないかと思っても、思考がそれを選ぶということになると、魂はその思考の方に従うとか、そういう仕方で思考と感情と意志のそれぞれがばらばらに独立してしまうのです。そのような危険が大変大きくなってきます。そういう人はいくらでもいます。

非常に能力のある人で、話してみても立派な人だけれども、やってることがどこかずれているという人は、たとえば政治家でも、とんでもないことをやる政治家、ふつう想像もできないようなことをやる政治家、たとえばナチス時代のヒムラーとかゲッペルスとか、ああいう人たちの知的能力をはかっても、感情の能力をはかっても、意志の能力をはかっても、おそらくはそれぞれ人並み以上のものをもっているのでしょうが、それぞれが全体としての結びつきをもっていないので、てんでんばらばらになっている。そういう人はいくらでもいます。問題は、それらを結びつける自我の働きがあるか、ないかということです。自我の働きを通して、意志と感情と思考のコントロールをはかるというのが、この四番目の行なのです。魂の生活のリズム化、とこの行を名づけることもできると思います。

つまり広い意味でのリズムを、混沌とした日常の魂の営みの中に生み出す行為です。今まで生体を維持するために流れていた力を魂の生活の中に導入することで、魂の活動が活発に機能するのです。夜型の人が夜型のリズムをつくり、朝型の人が朝型のリズムをつくることがその人の生活をよりよく機能させるように、霊学的に有意味な、ある規則を自分の中に課すと、それに応じて魂のエネルギーがずっと活発になる、と考えることができるのです。

シュタイナーの「魂の周期」

魂のリズムを作る上で、シュタイナーは「六つの行」を、決定的に大事な行としています。

「六つの行」については、私の書いた『神秘学序説』の最後にもくわしく出ていますから、よかったらその部分を読んでくださると、「六つの行」の本質が別の関連からも理解していただけると思います。シュタイナーは、六ヵ月間を一つの魂の周期と考えて、魂における特定の能力開発のためのリズムを各月の中に組み込む方法をあみ出したのです。第一の月、それが五月だとしますと、五月が思考の月、第二の月の六月が意志の月、第三の月の七月が感情の月、というように考えます。

そして一ヵ月目には何をするのかというと、一日のうちの、どんな時間でもいいのですが、五分間くらいをまったく非日常的な時間としてもつのです。どんな時間でもいいのですが、ともかくその五分間だけは、日常生活とまったく切り離された非日常的な時間として、その時間自分が選んだ任意の思考内容に意識を集中させるのです。その時間を一定の思考のための百パーセント思考のための時間にしてしまうのです。

具体的に言うと、たとえばマッチの棒を一本とり上げ、そして五分間、もっぱらマッチの棒について思考するのです。その五分間を、たとえばまず序論として、マッチとは何かを定義をする。それに約一分間かけます。次に一分間、マッチの歴史を考えます。そもそもマッチができ上がったのはいつごろだったのか。初期のマッチはどんなだったか、そして現代のマッチはどう変わったか、等々を約一分間かけて考えます。次の一分間で、今度はその一本のマッチを作るのに、いったいどのぐらいの人間が参加しているのか、原料は何か、等々を考え、次の一分間で、いったいマッチの原価はいくらぐらいかを考えます。そして最後の一分間で、しめくくりとして、自分は今までどれくらいの種類のマッチに出会ったか等々の問題を考えるのです。そのようにして五分の間にマッチについての思考を徹底的、集中的に行えるように、自分を訓練します。ふつうわれわれの思考は五秒か十秒くらいの単位でちらちらと別な方向に行ったり来たりしますから、気がつくととんでもない方向に思考が向かっていたりします。しかしこの五分間は、ともかく首尾一貫した自分の思考のプロセスだけに没頭しうるように、余分な、余計な連想を働かせたり、思わず考えたりは一切しないように努力します。この努力をひと月間つづけるのが、第一の月の行なのです。五分でも三分でも一分でもいいのですが、毎日それをすれば、一ヵ月でそれは大変な体験になるはずです。

思考の行に関連して、もうひとつだけつけ加えておきますと、この行の場合は、むずかしいことを考えない方がいいのです。なぜかと言いますと、むずかしいことを考える場合には思考の内容が問題になるわけですけれども、ここでは思考をコントロールすることができるかどうか、というむしろ形式の方が問題なのですから。したがってもし形式だけが問題になる場合に、思考が複雑になってきますと、自分でそれを完全に、客観的に見とおすことがむずかしくなり、むしろ自分がそれにとらわれてしまうという危険性が出てくるのです。ですから思考の内容はできるだけ単純な方がいいのです。もちろん思考のプロセスが自分でよく意識できるのであれば、たとえそれが一見複雑でもかまわないわけですけれども、しかし複雑であるか、単純であるかは、要するにこの行にとっては問題ではないのです。

思考の訓練から意志の訓練へ

第二の月は意志の訓練です。意志の訓練とは、五分間とか三分間とかということではなくて、一日のうちの特定の時間を意識するということです。たとえば午前十時四十五分を意識しようとします。ところがうっかりすると、あっというまに午前十時五十分になってしまって、「しまった」と思ってももうとりかえしがつきません。とにかく午前十時四十五分になったら、午前十時四十五分だ、ということを意識するのですが、それをするために、ちょうどその時間に、買ってきた鉢植えの植物に水をやるとか、なんでもいいのですが、なるべく仕事に関係のない動作を、特定の時間と結びつけてやるのです。これが意志を鍛えるのに非常な力になる、とシュタイナーは言っていますが、問題はできるかできないかではなくて、ともかくそういう努力をするということです。一ヵ月間一度も十時四十五分を意識できなかったとしても、それでもそういうことをひと月やろうとしたという事実が大事なのです。できなかったからいやになって、そういうことを考えるだけでも気が滅入るというのではなく、そういう行の場合に大事なのは、その行を愛するという気分、そういうことが好きだという気分が背景にあることです。ですから、結果としてできてもできなくても、それほどこだわる必要はないのです。

それと同時に大切なのは、自分はこういうことをやっていると人に言わずに、まったくオカルトという言葉のとおり、誰にも知らせずに、ひとりでやることです。自分がそれをやったところで誰のプラスにもならないし、社会的に何の意味もないことなのですから。だからこういうことをやっていると言う必要もないし、その結果がどうなるかを期待する必要もないのです。ともかくやるという姿勢がオカルティズムなのです。何の役にも立たないことをひと月やると、それがリズムになるわけです。

積極性の行へ

第三の月は、感情の行です。三ヵ月目になると、非常にむずかしいことですけれども、一日のうちの一時間か二時間、一切自分の感情を外にあらわさないように努力します。どんなに嬉《うれ》しくても、嬉しそうな顔をしないし、どんなにいやなことがあっても、いやな顔をしないで、平然としているのです。

これも結果としてはできても全然できなくてもいいのですが、ともかく三ヵ月目は、そうしようと努力するのです。たとえば人に会っている午後一時から二時までの間、ともかく自分は誰に何を言われようとも、いっこうそれを外にあらわすまいと決心することになります。虫歯がすごく痛んでも、にこにこしていなければなりませんし、友達にへんなことを言われても、うん、なるほど、というようにして感情的な反応をあらわさないのです。すこしおかしいと思うけど、という程度のことしか言おうとしないわけです。この行は何を意図しているのかというと、この努力の結果、自分の感情がすごく意識化されるのです。かえっておさえられるために、逆に感情が内面化されるわけです。これが三ヵ月目の行です。

さて、四ヵ月目に問題になるのは、思考と感情との結びつきの行です。一ヵ月目が思考、三ヵ月目が感情だったわけですけれど、その一ヵ月目と三ヵ月目を結びつけて、より発展させた行を行おうとします。どういうことかと言うと、一言で言えば、積極性の行です。つまりこの四ヵ月目には、批判を一切自分の中から排除して、自分が日々経験する事柄の中から積極的な、ポジティブな意味のあるものを見つけ出して、それに注意を集中するのです。

「なんてきれいな歯……」

シュタイナーは、これについて、とても大事な逸話をひとつ紹介しています。それは、ゲーテが『西東詩集』の「覚え書き」の中で引用したペルシアの詩に出てくる逸話です。その内容を簡単に記しておきます。

イエス・キリストが弟子たちをつれて、ペルシアの街を歩いていたときに、たまたまある広場にさしかかった、というのです。そうすると人々ががやがやさわぎながら、なにやら集まっているので、キリストとその弟子たちもその集まっている方に行ってみますと、道ばたに犬の死骸《しがい》が棄《す》ててあって、それをとりまいて人々がなにやら話し合っていたというのです。なんてくさいんだろう、とか、こんなものを放っといたら病気がはやるから、早く始末しなければいけない、とか、いったいどこの家の犬だろう、とか、みんな腐臭をはなっている死んだ犬を前にして、口々にののしりあっていたのですけれども、イエス・キリストはその犬を見て、「ああなんてきれいな歯をしてるんだろう」と言ったというのです。ゲーテはその「覚え書き」のところに但し書きをつけていて、この詩の意味を考えるときには、当時ペルシア人たちの歯が非常に悪かった、ということも考えておく必要があると言っています。今の社会のように、歯医者がどの街にもいるというのではないので、虫歯で悩んでいる人が集まっていた人々の中に何人もいたと思うのですが、その中で「なんてきれいな歯をしてるんだろう」とキリストが言ったことで、問題にならないくらい見るもいとわしいものの中に、自分たちにないいいところが、突然見えてきたというのです。

シュタイナーは、このイエス・キリストの発想が四ヵ月目の日常生活の中の主導的な気分となるように求めているのです。

もちろん朝から晩までポジティブに、なんでも肯定的に見ることは大変なことです。実際に仕事をしているときに、ビジネスで相手の言っていることを全部善意に解釈したりしたら、仕事が成り立たなくなってしまいます。しかしここで言おうとしているのは、社会感覚をすてることではなく、逆に相手の本質をよく観察しながらも、その一ヵ月の間は、自分の前に向かってきたものを平気で批判したり、いいかげんに無視したりするのではなくて、あらためてその中に、どのくらいポジティブな、すぐれているものがあるのか、ということを集中的に体験することなのです。

このことは、さまざまなバリエーションをつけて考えることもできます。たとえばその期間は、判断を停止するのではなく、判断力を最大限に行使しながら、しかも自分の言葉の中から無意識に否定的な言葉が出てこないようにしよう、と努力することも非常に重要です。更にその場合にも、たとえば冬、寒いなあというときに、寒いという言葉を否定的な意味で使わずに、寒さによって、なにかプラスの面があるかな、と必ずそのときに考えることがこの月の間は求められるわけです。あるいは無関心だった音楽や絵や書物などをあらためてもう一度、そこに自分の気づかなかったポジティブのものがかくされていないかどうかという観点から見なおすとか、そういった事柄もこの月間のための行として有効です。そのようにこの四ヵ月目は、自分の判断力（思考）を感情と結びつけて、その両者をいきいきとしたものにかえようとする試みです。

五ヵ月目の行

五ヵ月目は、思考と意志、つまり一ヵ月目と二ヵ月目を結びつける行です。

今度は何が問題かと言いますと、過去の今までの経験をとおして判断するという習慣を一切やめることです。もちろん判断するのに過去の経験がなければそもそも正しい判断のしようがないわけですけれども、ここでなにを言いたいのかというと、今まで自分の前に、かつて経験しなかった事柄が出てきたときに、今までそれを知らなかったから、あるいは今までの経験の中にそれが含まれていなかったからといって、それを否定するような態度を棄てるということです。

たとえば誰かが、「きのうＵＦＯを見た」と言ったとします。そうすると自分はまだＵＦＯを見たことがないから、「そんなのは迷信だ」と答えたとすると、それは今までの自分の経験からそれを判断したことになるわけです。そのような場合、五ヵ月目の生活態度としては、仮にそんなことはありえない、と思えたにしても、とにかくいったん自分の過去からの経験による判断を一切停止して、それを受けいれる試みをやってみることなのです。シュタイナーのあげた例で言うと、「隣の教会の塔が四十五度傾いた」、と誰かが言ったときに、そんなことは実際上ありえないからといって、「そんな馬鹿なこと、あるはずがないじゃないか」と言わないで、うしろの窓をあけて、ともかくその教会の塔を実際の眼でよく見ることだ、と言うのです。自分の今まででつみあげてきた経験と判断とによって結論づける前に、もう一度あらためてその問題を、新しい眼で見直すことが、五ヵ月目の行の基本なのです。

四ヵ月目と五ヵ月目は、一ヵ月目、二ヵ月目、三ヵ月目に対して、わりと抽象的に受けとられやすく、実際にどういうふうにやったらいいか、行として具体的に実践しにくいのではないかと思いますが、そのような場合には、すでにお話ししたような仕方で、時間を具体的に区切って、午後六時から七時までとか、あるいは午前中とか、そういうふうに時間を区切って、その間はともかくそのことに集中するのです。六時から七時までということでしたら、六時から七時まで、ともかく一切の批判は行わないで、そのいい面だけを見ることをやろうということになりますと、具体的には大変なことです。だれか子どもが茶碗《ちゃわん》をうっかりしてひっくりかえして、畳に水がこぼれたときに、おおいそぎでぞうきんを持ってきて、ごしごしこすって、ああ畳がきれいになったとか、そういうところからはじめなければいけないわけです。

そのときにうっかりその子に「だめじゃないか」、と言ったら、行がそれで失敗したことになるわけですから、子どもが茶碗をひっくりかえしても、にこにこして、ああ、元気だな、と思えなければいけないわけです。それからいやな電話がかかってきたときも、その電話でぷんぷんおこったりしないで、「へんな電話がかかってきたけれども、そのおかげで、うっかりわすれていたことがもう一度はっきりした、ありがたい」、というふうに相手に感謝する気持をそこから引き出すとか、ありとあらゆる事柄がそれにかかわってくるのです。要するに自分できめた時間の中では一切否定的な気分を自分の中に生じさせないように努力する、ということなのです。

感情の行と似ていますけれども、感情の行の場合、問題は感情をおもてに出さない、ということだったわけです。感情をおもてに出さないで、うれしいときでもつらいときでも、平然とその感情を、それがあたかも十年前の自分の感情を思い出すときのように、受け入れるということを感情の行では問題にしたわけです。しかしこの五ヵ月目の場合には、それと思考とが結びついてきますから、今度は判断をポジティブにすることを問題にするわけです。

五ヵ月目の場合にも特定の時間に限定して、行に集中する方が、より実践しやすいと思いますけれども、ただこの場合ひとりでいるときとか、何も事件が起こらないときには、なんにもできないような気がすると思うのです。

たとえば六時から七時まで未知の経験を平然と受け入れてみようと思っても、そのときにUFOを見た人もこなければ、議論する相手もいないとなると、何もしないことになってしまいます。そういうときにはどうするかと言いますと、風の音とか、ふすまをしめる音とか、電話のなってるベルの音とか、そういうことに注意を集中するのです。誰かが隣のふすまをしめたとき、従来ですとその音をひとつの体験として受けとろうとしないで、「あ、誰か出ていったな」とか「はいってきたな」とか思っただけでした。そうであれば、行としての意味は何もないわけですけれども、五ヵ月目の六時から七時までを例にとりますと、そのばたんとしめた音を、今まで聞いたことのないような音として、あらためてそれに耳をすますということが問題になるわけです。同じようにふってきた雨の音を、今まで聞いたことのない音のように、新鮮なおどろきとともに聞くことが、ここでは問題になるのです。そうしますと実際今までとは全然ちがった音のように聞こえてくるわけです。雨の音ってこんな音だったのか、あるいはふすまをしめる音というのはこんな音だったのか、びっくりするくらい、なにか新鮮なひびきがするわけです。こういうことが問題なのです。あるいはあらためて自分のいる部屋の明りを見ることもできます。そうすると、今までは六十ワットの電球がついていた部屋の明かるさについて、あまり意識しなかったとしても、そのときあらためて、自分の部屋の照明がどんなものだったのか、体験するようになります。そのように、自分の部屋の壁の色をもう一度見直すとか、ありとあらゆるところで、その応用がきくと思います。そのようにして、自分の過去の判断にたよらずに、自分の前に立ちあらわれてきた事柄を、フレッシュな気持で、もう一度体験しなおすということが、思考と意志とを結びつける五ヵ月目の行の内容になるのです。

シュタイナー「六つの行」の意味

六ヵ月目はどうかと言いますと、この一ヵ月間は、大変なことですけれども、一ヵ月目から五ヵ月目までやってきたことを、全部いちどきにやるのです。いわば半年間の総仕上げのようなかたちで、六ヵ月目はすべてをもう一どくり返して体験しなおすのです。それによってあらためて、思考と感情と意志とを自分の中で調和的に体験しようとします。

一ヵ月目は思考を問題にした、二ヵ月目は意志を問題にした、三ヵ月目は感情を問題にした、そうすることによって、自分の中の思考と意志と感情が、今までとまったく別のかたちで、自分の中で生き生きと体験できるようになってきた、四ヵ月目には、今度は思考と感情とが結びついて、自分の中で生きてきた、五ヵ月目は、思考と意志とが、自分の中で、全然今まで体験したことのなかったような仕方で、つよい結びつきをもつようになった、だから最後の六ヵ月目は、それをまた失うことなしに、それを自分の中で習慣にまでもっていけるように努力しよう、そう考えることが六ヵ月目の課題なのです。ですから、五ヵ月間やってきた成果を全部生かしていかなければいけないから、六ヵ月目というのは、非常に大変です。

これがシュタイナーの「六つの行」という、一番基本になる行の意味です。シュタイナーはこれを語ったときに、つけ加えまして、この行の意味は、一見エソテリックな、オカルト的内容がないように思えるかもしれないけれども、この行をやるとやらないとでは、まったくその人の人生のあり方がかわってくる、と言っています。もしこの六つの行のような行を、自分の中で生かそうとしないで、たとえばドラッグとか、神がかりとか、あるいは別の催眠術的メディテーションとかによって、いきなり自分の中にオカルト的な体験を直接もとうとすると、その人の内部では、大きな混乱が生じる、というのです。その混乱の結果、いろいろな種類のネガティブな、本人には気がつかないネガティブな影響があらわれてくるために、本当に自分で自分のことがコントロールできなくなってしまう。オカルト的な体験を、たとえばマリファナをとおしてもとうとする場合、そこに道徳的な契機と結びつく余地がないものですから、そのため今までの市民生活の中では一応調和を保っていた、自分の中の否定的破壊的な要素がそのドラッグ体験をとおしてなまなましく表にあらわれてきます。そのなまなましく出てきた自分の中の肉体的で情念的で一方的な欲求が、なんの統制も受けないままに、生活に影響する、そういうことがずいぶんあるというのです。一番問題なのは、思考と感情と意志とがばらばらに分裂してしまう場合ですが、それについてはすでに触れておきました。

こうしたことはオカルティズムと結びつかなくても、よく仕事で徹夜がつづいたり、海外旅行なんかで、一週間か十日、今までとはちがった無理がかなりつづくようになってきますと、急に、たとえばなにかを買ったときの店員とか、あるいは終着駅の駅員が、何か自分に無礼な態度をとったとすると、それがすごくしゃくにさわって、ふつうのときでしたら平気で見のがせるようなことなのに見のがせなくなって、まっ青になっておこるというようなことが出てきます。そういう経験は誰にでもあると思うのですが、徹夜がつづいたりすると、不自然なオカルトの行を始めたときと同じような状態が出てきて、感情と意志と思考とが分裂してくるのです。そうするといったん感情がかっとなったときに、ふつうの健全な生活をしているときのように、それを冷静におさえる思考の機能が働かなくなって、猛烈な怒りの発作にかられてしまったりしますが、同じようなことが、行の場合にも出てくるのです。こういう傾向に対するもっとも基本的な対抗手段は、この「六つの行」を日ごろ行うことだ、とシュタイナーは言うのです。

エネルギーとしてのリズム

それから、すでにお話ししたことをもう一度くり返しておけば、不自然な、つまり人工的な仕方でオカルト体験をもつのではなくても、ルドルフ・シュタイナーやブラヴァツキー夫人の書物、あるいは古代のバカヴァッド・ギーターやキリスト教、仏教の経典のような霊的内容の濃い書物を集中的に読んだり、メディテーションに没頭したりしますと、心身の疲労回復のために使われていたエネルギーが、別の方向へ、つまりヨガで言うチャクラを形成する方向へ流れていってしまいます。そのために生命力が弱まり、今まで以上に疲れやすくなるとか、肩がこるとか、なにか無気力になるとか、そういう状態が出てきます。そういうときに、生命力を何によって支えるかといえば、魂にリズムを与えることによって支える以外に手だてはないので、そういう魂にリズムを与える最高の行として、この六つの行があるわけです。

オカルティズムでよく言われているのが、リズムは力であるということです。音楽でも、リズムを中心にした音楽を聞いていると、一種のエネルギーを受けとることができますが、同じパターンのくり返し、たとえばAとBとのパターンのくり返しが十分、十五分と続いていくときに、そこから受ける一種の解放感は、リズムが生命（エーテル）体に与えてくれるエネルギーによるものなのです。

リズムがエネルギーになってくれるのです。生活がリズミカルに営まれることの意味はそういうところにある、ということを、シュタイナーは非常に強調していました。

ですから六つの行の一ヵ月目に毎日五分間だけでも思考のパターンがまるっきり変わってくると、思考が毎日五分間全然別なリズムをとることによって、今まで眠っていた思考の力が、五分間だけ刺激を与えられ、その刺激によって、新しいエネルギーを受けとるわけです。

ひと月間思考の訓練を、マッチだとかゴルフのボールだとか、そういう単純な事柄について今までと全然ちがったかたちで集中的に行うと、そのたった五分間のちがったプロセスによって、一ヵ月たったとき、思考の中に今までと全然ちがったエネルギーがたくわえられてくるのです。

同じことが、意志についても言えます。意志というのは、リズムそのものですから、今度は時間が決定的に重要になってくるわけです。そうすると、午後三時半とか、夜の十時とか、あるいは朝の七時半とかという決まった時間に決まった行為をするというリズムによって、その人間の生活のエネルギーそのものに刺激が与えられますから、それによってその人間の意志の中にある大きな生命のうねりのようなものが、このリズムによって生み出されるのです。

アポロン的な行の目的達成

三ヵ月目の感情の場合には、怒ること、喜ぶこと、笑うことによって外へ発散していたこれまでの感情のエネルギーが、今や全部内面化されることによって、内部にたくわえられ、感情の水位があがってきます。

四ヵ月目の「積極性」の行では、今まで自分の思考なり、感情なりが非常にエゴイスティックに機能していたということが、あらためて感じられるようになりますが、そのエゴイズムが幾分なりとも、自分と対象との関係において、今までとはちがった、いわば宗教的ともいうべき、あたたかい愛情に変化していくことをあらためて体験できるようになれば、たとえ予感としてでも魂が大きな浄福感にみたされるのを、感じることができます。それまでは、かならずしもわれわれの意識のあり方が自分にとって好ましい、納得のいくものではなかったとします。外から与えられた状況の中で、仕方なしにこういう生活態度をとっているけれども、自分の中の本来の自我はそんな自分を決して評価もしなければ、愛してもいない、と無意識に感じていたとします。たとえ無意識的にでも自分で自分を愛せないのなら、マルクスの言う自己疎外の状態に陥っています。自分にとって自分がよそよそしい、異邦人的な存在になってしまっているというのが、自己疎外ですが、近代生活はだんだんそのような方向に、人間を追いつめています。

四ヵ月目の行の意味は、自分で自分を愛せなくなってしまった自分があらためて、これまでとは全然ちがった仕方でポジティブに、自分以外のものに対してあたたかい眼をそそぐことによって、自分に対してもあたたかい眼をそそぐようになってくることです。あらためて自分を大事にするようになってきます。どんなものを見ても少しもおもしろく感じられなくなってしまったような状態が、自分への関心が目覚めるにつれて、消えていきます。今度は対象と自分との間にも、もっとあたたかい結びつきが生まれてきます。そういうかたちで、魂のエネルギーが自分の中にたくわえられていきます。

五ヵ月目の行の意味も同じことで、国木田独歩《くにきだどっぽ》という明治の作家が、短編の中でよく自分はおどろきたいのだ、と書いていました。近代生活の中にはおどろきがほとんどなくなってしまい、どんなことでも自分の過去の経験に照らして、一応判断できてしまうことの憂鬱を描いていたのだと思います。もう自分はなんでも分かってしまった、自分は今二十三歳だけれども、もう世の中に目新しいことは何もない、と思ったとします。二十三歳でそう思った人が三十三歳になり、四十三歳になり、五十三歳になったとき、その人の魂の中には、マヒしてしまったというよりも、死んでしまったというべき部分が幾重にも積みかさねられています。たとえば五十三歳のときのその人の魂の中に印象が十あるとすると、その中の八つか九つは、もう死んでしまっていたとします。そのような人は何を見てもおもしろくないことでしょう。
ところが五ヵ月目の行をすることによって、死んでいた魂の部分にあらたな甦《よみがえ》りが生じてきます。そうすると、雨の音を聞いても、今まで知らなかったような響きをその中に聞きとるようになってきますので、「自分は何十年かまえに、すべてを知ってしまったと思ったけれども、実はなんにも知らなかったのではないか」と考えるようになってきます。そういう気分が生じるとき、アポロン的な行がある意味でひとつの目的を達成したことになるわけです。
アポロン的な行の目的は、肉体、意志、感情、および思考――神秘学の用語によりますと、肉体とエーテル体とアストラル体――要するに人間の魂を構成しているいろいろの構成部分にある種の調和を与えるということです。それが、調和の神であるアポロンの主宰する秘儀の本質なのです。

シュタイナー「植物の行」

アポロン的な秘儀ということで、もう少しつけ加えることがあるとすれば(『神秘学序説』の最後の「認識の行法」という章でも触れておきましたが)、ルドルフ・シュタイナーの『いかにして超感覚的世界の認識を獲得するか』という「行法」についての古典的名著の中で、「植物の行」として記されている部分です。シュタイナーは、アポロン的な行をするに際しては、植物を対象にするのがとても大事だということを、いろいろなところで語っています。その場合の植物というのは、なんでもいいのですけれども、花屋に行って花を買ったとします。カーネーションでもケシの花でもバラの花でもキクやユリの花でもいいのですが、好きな花を花びんにいけて、始終眼につくところにおいておきます。そして、アポロン的な行としてそれを見る場合には、その花のつぼみから毎日見ていきます。そうするとつぼみが、だんだん部屋のあたたかい温度に刺激されて、一日か二日で花をひらかせ、そしてまた数日たつうちにだんだんしおれて、花びらが一枚一枚落ちていって、そして枯れてしまいます。そういうプロセスを始めからおわりまで丹念に観察するのです。

その場合に何が問題なのかと言うと、つぼみから花をひらかせるまでは、いわば生成し、成長していくプロセスとして、そこに喜ばしい、華やいだ感情を投影することです。たとえばバラの花なら、その弁が五枚ずつ、内側から外側に重なり合いながら、五芒星形《ごぼうせいけい》をひと筆書きに描くときのような仕方で、一枚おきに連続して咲いているとか、そういうふうに観察しながら、しかも自分の中の喜びの感情をそれに投影して、その花があたかも花を咲かせることに喜びを感じているかのように、喜びの感情とその花の開花とを結びつけるのです。喜びや悲しみというのは、シュタイナーの用語から言えば、ディオニュソス的な内面の問題なのですけれども、そのディオニュソス的部分をアポロン的な世界の中に取り込むことを考えているのです。内なる喜び、悲しみの部分を外側に投影させます。それからだんだんしぼんでいく花を見るときには、逆に自分の中の悲しみの感情、つらい感情をそこに投影させてみます。なんにも感情をもっていない花の中に、感情を感じとるのです。

それからもう一つ、たとえば乾物屋にいって、エンドウ豆のような、なんでもいいのですが、豆を買ってきて、それをガラスのびんに入れます。一番いいのは、厚手の吸取紙に小さな穴をあけて、その穴の上に豆をおき、そのびんの中に水を入れておきます。びんは黒い紙でつつんでおく必要があります。そうすると、吸取紙の下の方が暗くて、外側があかるいので、豆は地面に自分がまかれたと錯覚します。そして何が起こるかというと、だんだん水を吸って豆はふくらんでいき、そしてそれからまず、芽が出るのではなく、根が先にそこから出てきます。その根が、だんだん暗い方に向かって伸びていきますと、今度は芽が上の方に向かって出てくるわけです。このプロセスを毎日観察するのです。観察すると同時に、その豆が将来どういうかたちをとって、どういう花を咲かせるか、ということを豆の中に見ようとします。

秘儀とイマジネーション

眼の前にある現実の豆は、はじめはまだ根もはってなければ、芽も出していない豆ですけれども、その豆の中に潜在的に茎も葉も花も、含まれていると考えます。そうすると豆に向きあい、豆をながめながら、その豆の中に、将来の葉や花の姿を投影して見るのです。それはさっきの花の中に自分の喜びなり悲しみなりの感情を投影するのと同じような意味で、存在してないものを見るということですけれども、それがシュタイナーの言う「アポロン的な行」のひとつのあり方なのです。

なぜそれが秘儀に通じるのかと言いますと、秘儀と、イマジネーションを見ることとは不可分の関係にありますが、いま、花の姿に感情を投影するとか、豆の中に将来の植物の生長した姿を投影するとかいうことは、自分の中のイマジネーションを喚起する一番有効な手続きをしたことになるからです。それで植物の観察ということを、シュタイナーは、『いかにして超感覚的世界の認識を獲得するか』という本の一番基本となる部分の中に書いているのです。

前に述べた象徴的な意味を相貌(表情)の中に見る行為も、同じ関連の下に考えられます。つまり花の中に感情を投影して見るということも、ある対象がいろいろな象徴的意味を多層的にもっているということも、要するに、イマジネーションをアポロン的に、対象に即して喚起するということをひとつの目標としているのです。

たとえばある部屋にはいっていって、その壁の色がブルーだとすると、ああ、ここでは静かに、なにか落ち着いた内省的気分になることをこの壁は求めているな、と解釈したり、反対に明るいオレンジ色や赤い色の壁を見たならば、ああ、ここではむしろ心を外側に向けてひらいて、人と活発に話し合うとか、おいしいお料理を食べるとか、なにか嬉しい体験を促すようなことを壁が示唆している、と受けとれば、その壁と自分がアポロン的に対話していることになるわけです。

一切の空間感情、この部屋はなんとなく冷たいとか暖かいとか、実際は四畳半なのに、六畳くらいの広さに見えるとか、六畳なのにもっとせまく見えるとか、なんでもいいのですけれども、空間体験、空間感情もこのような意味で、アポロン的に把握できます。そのように感性を活発化することによって、対象の印象をイマジネーションにまでもっていくということが、アポロン的秘儀の本質だと言えるのではないかと思います。そしてイマジネーションを喚起するということから、ディオニュソス的秘儀の問題がはじまるわけです。

ディオニュソス的な秘儀――日常生活の中で

したがって今度は、ディオニュソス的な秘儀の問題になるのですけれども、ディオニュソス的秘儀の最初は、夢なのです。なぜなら夢は、われわれが経験している超感覚的体験の中の、一番身近なあらわれですから。自分自身の内部で、ディオニュソス的秘儀を日常生活の中で体験しようと思ったら、夜眠っているときに体験する夢をあらためて意識化する行為からはじめるのが、一番簡単であると同時に、第一歩として必要でもあるわけです。

夢解釈、夢判断の本をお読みになると、夢の性質がいろいろ出てきますけれども、たとえば子どもの見る夢とおとなの見る夢とでもすでにちがうわけだし、それから同じおとなが見る夢でも、いわゆる正夢もあれば、五臓六腑《ごぞうろっぷ》の疲れと言われている夢もあるわけで、その夢のあり方は実に多種多様です。しかしいずれにせよ、夢はなんらかの事柄を暗示するという象徴的な性格をもっている点では変わりありません。そこで夢がいったい何を象徴しようとしているのかを意識的に知ろうとするところから、ディオニュソス的秘儀がはじまるわけです。

まず問題は、夢の見方ですが、夢の種類をあらかじめ自分が分類しておくこともできます。たとえば、㈠夢に色がついているかどうか、㈡音が聞こえるかどうか、㈢映画のように物語を形成しているか、それとも絵画のように固定した情景をあらわしているか。以上の三点によって夢から受ける印象がまったく異なってきます。同様に、いったいその夢が、すでに経験したことのある、つまり記憶に残っている情景なのか、それとも今までかつて一度も見たことのない風景なのか。今まで会ったことのない人物か、それとも知っている人物か。あるいは自分の家《うち》だと思って見ているのだが、本当に自分のいま住んでいる家の夢なのか、それとも知らない家を夢に見ているのか等々、そういう区別も出てきます。それらの事柄を意識することによって、すでにその次に見る夢のあり方が変わってきます。

夢というのは大変流動的なので、当人が夢に対してどういう態度をとるかによって、夢の内容もまた変わってきます。つまり夢内容と夢見る人との間には一種の相互関係をもっているのが、夢の特徴です。

ですから夢に対してこちらが意識的になると、夢もそれにこたえてくれます。夢に対してこちらが無意識的で、全然無関心だったら、夢も、たいして意味のない内容しかあらわしません。そういう関係があるわけです。そのようにして夢に対して意識的になってきますと、今度はその夢をノートする必要が出てきます。枕元に電気スタンドとノートと鉛筆、できたら色鉛筆を用意して、夢が出てきたら早速目をさましてそれをノートしようと決心して寝るわけです。ところがそれにもかかわらず全然夢をみないで、次の朝まですぎてしまうこともありますが、夜中に突然夢で起こされることもよくあります。起こされた場合に、その夢をノートするわけです。なぜノートするのかというと、はっきり、夢がある情報を送っているにもかかわらず、もう一度眠ってしまったり、他のことに気をとられたりすることで、思い出そうとしても思い出せなくなるかもしれないからです。ユングやフロイトのような精神分析医に言わせると、いったん忘れた夢でも、どうしても思い出そうとすれば、思い出せるのだそうですが、しかしそうするにはかなりの時間とエネルギーとが必要になります。そのつど忘れないうちにノートをとれば、一番簡単です。ノートをとって、二、三日たってから読み返してみると、もう夢の内容を完全に忘れているということがよくあって、はたしてそのときにこんな夢を見たんだろうか、とびっくりすることがあるくらいです。

夢からのインフォメーション

それから、夢を見た直後には書いた内容がつまらないものに思え、こんなことを書いておいてどんな意味があるのだろうか、と思ったりしても、しばらくたってから読みかえすと、そこにおどろくような内容がはいっていないともかぎらない、そういうところがあります。

そういうふうにして作られた夢の資料を客観的に自分で解釈してみると、それが夢判断ということになります。その場合の夢判断の基本は、さっき言いましたように、それが肉体の状態から来ている五臓六腑の疲れであるのなら、おそらくその人は夢として表現しなければならないような緊張を肉体に強制していることになるわけですから、その方向にそって考える必要が生じます。たとえばある暗い部屋にはいっていたところが、その暗い部屋にクモの巣がいっぱいはっていた、そういうところにはいっていって、いやだなあと思いながら、クモの巣をはらったという夢を見たときには、そのクモの巣というのは、実は自分の脳細胞であって、そのクモの巣をはらいながらその中にはいっていったということは、自分の頭が疲れすぎていることの反映であるのかもしれません。そのように考えることが正しいかどうかは、やはり自分の肉体と夢とそれからそれを解釈している自分との関係できまってくるわけですから、このような種類の夢を見た場合に、自分の肉体的な状態がどうかということを考えることが鍵《かぎ》になるわけです。

あるいは、よく人に追いかけられる夢を見て、いくら逃げようと思っても、ふりかえるとすぐ後ろに、なにか恐い人が追いかけているとか、それが人でなくて、馬だったり犬だったりすることもあるし、怪物だったりすることもありますが、いくら逃げようと思っても、どうしても逃げられないという無力感や、足がすくんでうまく動けないような状況を夢で見た場合には、いったいそれが自分のいかなる状態を反映しているのか、肉体や魂のどの部分を象徴しているのか、そのような事柄を全部自分で解釈しなければいけないのです。

そうすることによって、肉体と関係がある夢なのか、それとも魂に関係がある夢なのかを自分で判断します。魂に関係がある夢だった場合には、いったい自分の魂の中の何を夢は語ろうとしているのかを考えていきます。その夢が警告を発している場合もありますし、未来のある事柄を暗示している場合もあり、それから自分では気がつかない、現実の、現在の状況を表現している場合もあります。現実の状況がこうなのに、その自分の意識がちっともその状況に気づいていない、というような場合、夢は現在の状況を非常に生々しくうつしだすのです。しかし夢は常に象徴的であり、決して現実の状況をそのとおりにうつしだしてはくれません。まったくちがったストーリーでそれを語ろうとしますので、今度はそれをシュルレアリスムの小説を読むように、自分でまったく新しい観点から解釈しなおさなければなりません。

その場合、ひとつのきめてになるのは、その夢を見たときに、すぐに眼をさますか、さまさないかということです。すぐ眼をさましたときには、かなり緊急なインフォメーションを夢が送っているのかもしれません。夢を見た途端に眼がさめた場合、そのときの感情が、嬉しいか、悲しいか、一種の解放感があるか、重苦しいか、というふうに、自分の感情を反省してみることも、一つの鍵になります。

なにか嬉しい、喜ばしい感じで目がさめたときの夢が非常に生々しい夢だった場合には、その夢はかなり霊的な性格のものかもしれません。自分の中のよりすぐれた部分が、自分に対して何か大事なことを言おうとしている、と理解することもできるわけです。

重苦しい、つらいような気分で眼がさめたときにも、それを警告として受けとり、いったい自分の日常生活でどこがまちがっていたんだろうか、いったいこの夢はなにを警告しようとしているのか、ということをあらためて考えてみるとか、夢に関しては、いろいろに解釈ができます。けれども大事なのは、夢を解釈することができるのは、当人か、当人のことをよく知っている人にかぎられるということです。それが鉄則です。いいかげんに他人の夢を解釈することはできません。なぜかと言うと、一つの夢の中には、ありとあらゆるその人の個性の刻印がおされており、その刻印がどういうかたちでおされているかは、夢を見た当人でないと、わからないからです。たとえばその夢の中にどういう微妙な感情のニュアンスがこめられていたか、明るかったか暗かったか、どんな光がそこにさしていたか、青い色といっても、その青い色のニュアンスがどうだったか、それは当人が一番はっきり体験しているので、当人でなければ正確に把握できないのです。

もちろん夢の象徴には普遍的な性格も含まれていますから、特定の象徴が、他の人にもあてはまるということもあるわけです。特に色の体験にはかなり共通したものがありますから、赤い色や青い色の意味を普遍的に理解することもできます。しかしまず問題なのは、自分がそれを読み解くということだと思います。

オカルティズムにおける自己外化

それからディオニュソス的秘儀にとって非常に必要な第二の行為は、前に述べたことに関連してくると思いますが、自己変革ということです。自己変革の問題は、アポロン的秘儀の中で、ギリシアの七賢人がデルポイの神殿に自分たちの叡智の言葉をささげたことに触れてお話ししたと思います。スパルタ的叡智が、非常に簡潔な言葉で語る真理の中の真理と言われているものには二つあって、一つは、「人間よ、汝自身を知れ」、もう一つは「極端にはしるな。中庸を大事にしろ」という言葉だったわけですけれども、その「汝自身を知れ」という自己認識が、ディオニュソス的秘儀の場合、特に重要になってくるのです。シュタイナーは、自己認識に二つの種類の自己認識があるということを非常に強調します。第一の自己認識は、自己反省です。

自己反省とは、どんな妄想も、どんな投影もゆるさないで、自分を客観的に見つめるということです。いったい自分はどんな仕事に向いているのかとか、自分の長所が何で短所が何かとか、自分はどんな気質の人間かとか、そういうありとあらゆる自分の性質を客観的に理解することは、すべて自己反省に属するわけです。更に今日一日の自己反省ということになれば、今日一日自分はこういうこととこういうことをしたけれども、いったいそれは果たして正しい行為だったのだろうか、もっといいやり方はなかったのだろうか、等々の反省も、自己反省に属するわけです。そういう反省を重ねることによって、自分を認識する場合の自己認識を、自己反省とか自己内省と言うのですけれども、じつはオカルティズムで問題になってくる自己認識は、そのような自己認識ではなくて、第二の自己認識、つまりシュタイナーの言う自己外化です。

自己外化と似ている言葉に自己疎外（Selbstentfremdung）があります。前にも触れましたが、自分が自分にとって、よそよそしいというか、異質というか、見知らぬというか、そういう存在になってしまうことを、自己疎外と言います。マルクスが『経済学哲学草稿』の中でくわしく論じているとおり、人間が自分を商品としてしか評価できなくなってしまうような場合、しかもその商品としての自分が、手仕事で作りあげた商品ではなくて、大量生産の商品の、しかもその一部品でしかないような自分になってくれば、そのような自分、ベルトコンベアーにのせて部品をつくっている自分、もしくはそういう機械の一部分になってしまっている自分というものは、自分にとっても人格として評価できなくなってきます。そういう非人格化のプロセスが近代の中で一般的になってきているので、それをなんとか断ちきる必要があるということが、自己疎外の問題点です。

ところが自己外化（Selbstentäusserung）というのは、それとは逆に、いったん自分が自分にとって大事な、身近な、必要な存在になってきた時点で、つまり自己同一性というのでしょうか、自分の存在が自分によって十分確認できる大切な存在になり、したがって自分が非常にいとおしく、大切に思える状態のときに、その自分をもう一度完全に自分の外に追い出してしまうことが自己外化なのです。そしてそれがオカルティズムにとっての自己認識なのです。

自己変革の試み

具体的にどういうことかというと、日常生活においては、自分と他人とは、主観と客観、内と外という関係で、はっきり区別されて考えられています。けれども、自分をも一個の他人として見るということが、自己外化の問題になってきます。その際自分を認識しようと思うときに、自分に欠けている部分は何か、というところから見ていくのが、自己外化の基本になります。それは簡単なようでいて、決してそう簡単ではありません。まず自分の長所と思われている部分、たとえば自分は非常に無口で、思いやりがあって、そしてひとの意見をよく受けいれるという長所が自分にあると思った場合には、自分のその長所と対極にある長所は何か、ということを考えるのです。そうすると自分の長所とは対極にある長所、たとえば、他人に対して非常に説得力があり、積極的で、ある与えられた状況を変えようとする意志が旺盛《おうせい》であるというところに自分にはない対極の長所があるというように思えたら、自分の性格をその方向にもっていこうとするのが、自己外化の行になるわけです。

これは非常にむずかしいことですけれども、さっきの六つの行がむずかしいのと同じように、やろうとする意志が問題であって、成功するかしないかが問題なのではないのです。

六つの行で言えば、一ヵ月間に一日も成功しなくても、例えば意志の行のときに、自分が考えた午後三時に鉢植えの花に水をやるということが一ヵ月間一度もできなかったとしても、かまわないのです。それと同じように、自分の長所がここにあり、それと対極にある長所がそこにあることがわかった。それに向かって自分は努力しようと思ったけれども、どうしてもできなかった、ということでもいいのです。問題は、そういう努力に対して意識的になる、ということです。

逆の場合で言うと、どうも自分はおしゃべりで、何人かと一緒にいると、しゃべりたくなってむずむずしてくる、という人がいたとします。そうすると今度は、一週間か十日間、ともかく自分は、人と会っているときにも、ただニコニコするだけで一切しゃべらない、何かきかれたときには簡潔に、スパルタ的に答える、しかし自分の方から、自分のことについてとやかくは言わない、そういうことが自己外化の行の一番の基本になるのです。

別の例をあげますと、自分の書体を見て、自分の書体とは正反対の書体を考えるわけです。なんとなく丸っこい字を書いている人にとって、ごつごつした角ばった字が自分の対極の書体だとすれば、そのようなごつごつ角ばった字で書いてみることも、自己外化になります。そういう仕方で自分の習慣の対極を意識することが、オカルティズムで言う自己認識になるのです。そして最終的にそれによってなにをめざすのかと言いますと、最終的には、すでに十二の世界観の座と、七つの生命活動の機能との関連で述べたと思いますが、すべての方向が自分の中に存在している、という体験を獲得することです。

そもそも私たちの個性は、決して母親の胎内からこの世に生まれ出たときにはじまるのではなく、そこには無限の、永遠の過去から蓄積されたすべてがこめられているのです。ですから自分が仮にいま自分の肉体において男性であるとしても、過去の生命の流れの中で、かつて自分は女性であったこともあるし、動物であったこともあるいは風や太陽であったこともある。だからこそ自分はいま太陽を見ることもできるし、風を風として体験することもできる。風として体験する用意が自分の魂の中になかったら、そもそも風が自分の外に存在することもなかったにちがいない。こういう考え方が前提にあるのです。一切の自然現象がすでに自分の中に内包されているからこそ、自然が自分にとって体験内容となりうる。それと同様に、あらゆる世界観も、自分の中に潜在的に存在しているからこそ、自分の外側に世界観として存在する、ということになるわけです。ですから対極を意識化することによって、自分にとって一見未知なる、あるいは無縁なる思想なり、感情なり、性格なりが、自分の内部の深層の中にすでに存在している、ということの体験、それが自己外化なのです。

小宇宙と大宇宙との照応

さて、夢の認識と自己外化（つまり自己変革）という二つの段階をとおしてメディテーション（瞑想《めいそう》）の問題が出てきます。

メディテーションとは何かという問題は、簡単に定義してみてもあまり意味はありません。実践的に把握し、体験しなければ意味がありません。メディテーションについては、この後でくわしく述べるつもりですが、その前にディオニュソス的秘儀の基本として、つまり内部への道の一番はじめに、夢の世界があるということと、それからその非常に危険の多い道を歩むためには、自分自身を客観化しなければならないということとを先《ま》ず強調しておきたかったのです。もし客観化できずに自分がそのまま内部の世界にはいっていきますと、自分が限りない大天才に思えたり、教祖的な存在に思えたりする一種の自己肥大化（ユングはそれを「自我のインフレーション」と名づけていますけれども）に、知らず知らずのうちにこのような自我のインフレーションに陥ってしまいます。

最後にこのような内部への道がどこにたどりつくか、ということを考えますと、これもイマジネーションに到ります。外部に向かう道もイマジネーションに到りましたが、内部へ向かう道もイマジネーションに到るのです。そしてイマジネーションをもつという点で、内部の道と外部の道とが通じあえるということが、オカルティズムの場合の決定的に重要な円環運動になるのです。

ゲーテの『ファウスト』第二部に、「暗い回廊」という章がありますが、そこに内部に向かうイマジネーションの道のことが出てきます。その箇所でゲーテは、非常に見事にディオニュソス的秘儀の本質に触れています。そのためには道のない道を通るのだ、おそろしいくらい淋《さび》しい、孤独な道だ、それは母たちの国への道だ、とメフィストフェレスが言うと、ファウストが答えて、母たち、母たち、ああなんと不思議なひびきだろう、と言うのですけれども、この母たちの国というのは、イマジネーションの世界のことです。

イマジネーションの世界は、こんなふうにも考えられます。イマジネーションを通してミクロコスモス（小宇宙）である人間と、マクロコスモス（大宇宙）である大自然とが深いところで内的な結びつきを獲得するのだ、と。この点について考えるためには、大自然の中には二つの側面があり、小宇宙である人間の中にも同じ二つの側面がある、ということを知らなければなりません。その二つの側面において大自然と人間との対応を考えるべきだからです。

大宇宙の二つの側面に関しては、これは第一次大戦中、シュタイナーがあるとき語ったことですけれども、大宇宙の中には、厳密に法則にのっとって進行している側面があります。たとえば天体の運行、いつ月蝕《げっしょく》や日蝕《にっしょく》が起こるかとか、今日の月の出は何時何分で、明日は何時何分であるとか、そういうことは一分の狂いもなく、厳密に、規則どおりに進行していく部分です。ところが大自然の中には、他方、どう計算しようとしても、結果が正確に出てこないような事柄もあります。たとえば、いつ地震が起こるのかとか、いつ火山が爆発するのかとか、あるいは台風がどういう進路を通るのかとか、天空にどういうかたちの雲があらわれるかとか、そういう種類の事柄は同じ自然現象の中でも、計算できない部分、予測のつかない部分です。

大自然の中にこのような二つの部分があるように、人間の中にも同じように二つの部分があると考えられます。一つは、人間の意識の中の合理的、悟性的、もしくはロゴス的な部分です。たとえば数学の計算問題は誰がやっても正しい結果は常に同じです。それはわれわれのひとりひとりの中に同じ法則に従った思考形式が内在していることをあらわしています。それはちょうど大自然の中の星の運行のような部分であると考えられます。それに対して、われわれの中の感情の動きのように、無意識の奥底から意識の表面に向かって流れ出てくるようなものは、ちょうど火山の爆発と同じように、いつどういうかたちでそれがあらわれてくるかわからない部分です。ですから人間にもやはり同じような二つの部分があると考えられます。大自然と人間とにおけるこのような二つの部分をそれぞれ対応させて考えるとき、はじめてマクロコスモスとミクロコスモスの照応が具体的に考えられるようになってきます。これまで述べてきたアポロン的秘儀とディオニュソス的秘儀に関して考える場合にも、アポロン的秘儀の方は、むしろ規則的な部分に、ディオニュソス的秘儀の方は、不規則な、予測のつかない部分にかかわってくるとも考えられます。

薔薇十字のメディテーション

さて、この章のしめくくりとして、最後にメディテーションの問題を、ルドルフ・シュタイナーにとってのもっとも基本的な観法である「薔薇《ばら》十字」のメディテーションに即して、詳しく述べてみようと思います。

それは真赤な、血のような色をしたバラの花が七つ、真黒な十字架の上に光り輝いているところを観想するのですが、黒い十字架の上に、真赤に光り輝くバラを七つ取り上げたことには、特別の意味があるようです。だんだんわかってきたことなのですけれども、たとえばもっとも高貴な感情である愛をあらわすバラの花と光との関係にしても、一切の情念を排除するような、真黒な十字架をその背後におくことにも、深い意味があるような気がします。

シュタイナーはこの観法について、どう教えたかといいますと、前段と後段の二段階に分けて考えることが望ましいと言っています。前段では、まず人間の存在を植物の存在と対比させます。なぜそうするのかと言いますと、もともと人間は、進化論が教えているように、物質的存在から生命的存在、動物的存在を通過して、現在の霊、魂、体の存在となったのだと考えられるわけですけれども、そのような進化の思想というのは一九世紀のダーウィン以来のものではなくて、古代からある思想なのです。古代からオカルティストは、進化論の立場をとっていました。ただしその場合の進化論は、ダーウィン的な進化論ではなくて、いわゆる「ドミナンテ」というイデーをいつもそれと結びつけていたのです。ふつうの進化論ですと、適者生存とか、生存競争とかいう立場から、生体がその生命を維持するために、どうしても進化の過程をとらざるをえなくなると説明するのですけれども、ドミナンテの発想からいうと、身体が進化していくプロセスには、物質界での因果関係からは説明できない作用が、そのつど、進化の目的を実現するために、霊界から働きかけている、進化は物質界とは全然

薔薇十字

別なところからくる、霊的な作用（つまりドミナンテ）なしには理解できない、という発想なのです。

したがって中世やルネッサンスの宇宙論をお読みになっても、進化論的な態度があらわれてきます。ヘルダーの代表作である『人類歴史哲学考』（一七八四―九一年）というかなり大部の書物がありますけれども、そこにも壮大な進化論が展開されています。

この伝統的な発想によれば、物質の進化が特定の段階まで到達し、霊的な実体がそこに受肉できるだけの肉体的条件がととのったときに、はじめて本来の人間の本性がその肉体と結びつくことができ、その結果、現在地上に生きているわれわれのような存在が成立したという考え方になります。これがいわば伝統的な考え方だったのです。そういう人間観は、いったん一九世紀に否定されていながら、ティヤール・ド・シャルダンとかユングとかいうような、自然科学の教養も十分つんだ人たちから、またあらためて提出されているのが現在のひとつの方向になってきています。バーゼル大学の動物学教授、アドルフ・ポルトマンも、そのような立場に立っています。

この考え方から言うと、われわれが、人間とは何か、をあらためて考えようとするとき、ダーウィン的な進化論とは全然ちがった人間観をもつ可能性も出てくるわけです。ちょっと話が遠いところからはじまってしまいますけれども、そもそも人間存在のいちばん根源的な状態はどのようなものだったのか、という問題を、こんなふうに考えることもできます。

原初の形態

はじめに、人間にとって、肉体も存在しない、感情も存在しない、意志も存在しない、もちろん表象能力も存在しないという状態が考えられます。この状態の中へ、霊的な存在界から、まず熱が流出される、と仮定します。今日の常識からいえば、熱とは常に、分子の運動のあり方次第で変化するような、物質の属性であると考えられていますから、固体も液体も気体も存在しないところに、ただ熱だけが流出されるということは、とうてい考えられぬ主張ですが、神秘学では、熱はあらゆる物質の存在形式の中でもっとも霊的存在に近いあり方をしているものと考えています。たとえば寒暖計ではかるときには同じ摂氏二十度の部屋の中でも、暖かい感じの部屋があったり、冷えびえとした部屋があったり、人間の場合にも暖かい人、冷たい人があったり、個人の主観の中にも暖かい気分と冷たい気分があったり、更には想像力だけで心の中に熱さや寒さを作り出すことができたりするように、物質界から離れた霊や魂の世界にも、熱が独立して存在していると考えるのです。したがって、われわれの内部にも体温とは別の熱が存在しています。たとえば夢中になって何かの考えに没頭しているときは、熱が頭の方に集中しており、別の興奮状態においては、体全体をかなり激しく熱が循環し、平静な状態においては、じっと平等に、静かに心の内部に浸透している、とも考えられます。それは血液の循環と並行するものではあっても、血液の循環そのものではないのです。もし熱をこのような物質の一番根源的な存在形式と考えますと、もっぱら熱だけから成り立っているような「熱体」をもって、人間の源初的の存在形式であったとする発想も成り立ってきます。

そのような発想の上に立つ場合、それに続く億万年という進化の過程で、つぎには「気」の流れがこれにつけ加わってくる、と考えます。たとえば呼吸作用が「空気」を吸い込むとき、体内で「気」が、酸素としてであれ、植物の場合のように炭酸ガスとしてであれ、「体」の活動に参加し、そして不必要になった部分を吐き出します。ヨガはこの「気」を頭の天辺《てっぺん》から背骨を通って足の先まで循環させるような、「呼吸法」についての高度に発達した技法をもっていますが、以上のような熱と気の作用だけから成り立っているような人体形式をも、神秘学は考えています。そして熱だけの存在の時には、まだ光はあらわれていませんが、呼吸しはじめ、外界との関係を積極的にもちはじめた時点で、つまり生命の源初的な活動が始まった時点で、人体は光を発しはじめる、と考えます。この時点での人体は、その輪郭をまだ固定させておらず、拡張し収縮しつつ、多彩な微光を輝かせている「光体」であったと考えています。熱体であり気体であり光体であるような人体の幻想的な形姿が更に進化の過程を辿っていくと、今度は呼吸だけではなく、外界に対して共感と反感とをも感じる源初的な主観＝感情をもった存在にまで到ります。

このような仕方で人間本性は「ドミナンテ」の作用を受けて、「突然変異」をくり返しながら、鉱物、植物、動物の過程を辿っていたわけです。

そして今から何億年くらい前なのでしょうか。その時点での人間は物質的観点から見ると、一種のくらげのような、しかしくらげならすでにはっきりした輪郭をもっていますが、輪郭も定かではないような、流動的な存在となっていました。まだそのときには、地球も今のように大気と大地とがはっきり分離されておらず、大地はまだわきたち、流動している液状であり、大気は非常に濃密な、もやのような雲がいっぱいたちこめていた、と考えられます。

このような状態の中で、水中や非常に濃厚な大気の中を浮遊しながら、人間存在は源初の呼吸作用から発達させた感情（共感と反感）のまにまに、何か好ましいものに近よろうとすると、自分の体が触手のように限りなくそっちの方に伸びていく、何か嫌なものから離れようとすると、その触手のようなものが、たちまちちぢんでいくという、そういう伸縮自在な、神話でいうメタモルフォーゼ、つまり転身自在な存在だったのです。つまり自分の内的な共感、反感のあり方と外形とがいつも結び合っているような状態でした。

そしてそのあと、しだいに今ある人間の形姿にまで発展していく過程で、松果腺《しょうかせん》、つまり額の眉《まゆ》と眉の中間あたりにあって、今は退化している器官が、霊的作用を受けて、最初の人間の感覚器官となって働きはじめるのです。

運命の意識

この松果腺が、対象と自分との関係を微妙に区別するようになっていきます。そのような過程を通して、人体は霊界から「ドミナンテ」として働きかけてくる人間の自我を自分の内部に受け容《い》れることができるまでに進化してきます。こうして感覚が生まれ、主観と客観がいっそう明瞭《めいりょう》に区別されるようになり、その結果、自我意識が生まれてきます。そういう過程を通って、人間は現在のような存在形態を獲得するようになったというのが、オカルティズムの観点から見た人間の成立過程です。決して人間の霊と魂の祖先は、現在の猿と共有するある高等動物の肉体なのではなくて、非常に高度な、霊界の存在者なのであって、その存在者が、自己に課せられた霊的使命である愛、自由なる人格に支えられた愛を実現するために、熱、気、光、生命、感覚、感情を次々に、この世に実現していき、ついに自我がふさわしい肉体を得て、地上に受肉するようになったという進化論なのです。

そして初めて受肉した時点の人間は、今の人間とは逆の意識をもっていたと考えます。どのような意味で逆なのかというと、当時の人間は、夜眠っているときの意識の方が明瞭であり、朝眼がさめて、魂が肉体にはいったときには意識が逆に暗くなったという意味で、意識のあり方が覚醒《かくせい》時と睡眠時において逆だったというのです。

覚醒時においては、当時の人間は、まだ対象をはっきり輪郭づけて見ることもできませんでした。全体が非常に暗く、まるで性能の悪い白黒のテレビのように、対象はぼやけながら、霧の中から曖昧《あいまい》な姿をあらわしてくる、そのように周囲の世界が目覚めている意識の中で体験され、それに対して、夜、眠り、魂が肉体を離れると、非常に強烈な、現在の人間が見るよりもはるかに明瞭な夢を見はじめた、というのです。

今の人間の夢の大半は、日常生活の記憶の残像であり、主観的な願望や欲望の象徴的なあらわれですけれども、太古の人間の意識状態からいうと、睡眠時の夢の形象は、客観的な世界、つまり霊的に客観的な世界の動きの表現でした。夢の中で人々はさまざまの位階の神々や霊的存在者たちとの結びつきを持っていました。しかし人間が次第に進化を遂げ、魂と肉体との結合がますますつよくなるにしたがって、覚醒時の意識の方が、睡眠時の意識よりも、明るくなってきたのです。そして、人間の中で運命の意識——運命という言葉は、エジプトの時代にはまだなく、ギリシアの悲劇の中で初めて出てきます——、この運命の意識もまた、それにつれて、だんだんはっきりしてきます。それから自由に対する感覚と個人的な感情もそれとともにはっきり意識されるようになってきます。そして紀元前一千年紀あたりから、人類の意識が新しい発展段階を迎える、というように考えるのです。個人意識と不可分に結びついた「良心」という概念もまた、紀元前五世紀のころ、ギリシア悲劇の中にあらわれてきます。それ以前の意識の中では、良心の代りに、復讐《ふくしゅう》の女神フーリエが夢の中で人々の魂にあらわれて、悪しき行為を裁いていました。

このように紀元前二千年紀、三千年紀のころ、日本でいえば縄文時代の人間とでも言うべきでしょうか、そのころの人間にとっては、非常に睡眠時の生活が重要だったのです。

睡眠時の生活が非常に重要だったために、しかもそれが体験内容として死後の生活とほとんどだぶってくるために、その当時の人間は、今の人間よりもずっと死に対する恐怖感が少なかったと考えられます。死をそれほどおそれる必要はなかったのです。そして日本人やゲルマン人のような民族集団は、死ぬときにすぐに神々と出会える人間と、出会えない人間とを区別するということを、人間の道徳性を判断するひとつの基準にしていて、死後神々と出会える人間とは、戦場に出て死をおそれない人間のことである、というふうに考えていたのです。

バラの花の象徴

三島由紀夫《みしまゆきお》の『英霊の声』の中には、このような、日本人にもゲルマン人にも共通する倫理性の一種の先祖がえりが見事に表現されている、と考えられます。つまりそこでは、いかに雄々しく戦い、そして美しく散ることができるかが、武士道精神や大和魂《やまとだましい》の基準に、つまり民族共同体に属する人間の価値をはかる尺度になっているのです。

ゲルマン民族でいうと、リヒャルト・ヴァーグナーの楽劇「ヴァルキューレ」が感動的に表現しているように、戦いの処女神ヴァルキューレに出会えるかどうかが、その基準になっています。戦場で雄々しく死んだ人には、死ぬ前にヴァルキューレがあらわれてきて、霊界に案内すると言われていたのです。

そういう進化のプロセスの中にあらためて人間をおいて考えてみますと、人間はかつて、感覚や感情をまだ発展させていなかった時点では、現在の植物と非常に共通する存在でした。それが肉体の中に今のような仕方で受肉するようになって、植物とはまさに正反対の存在に変化したというふうに考えられるわけです。現在の人間は、植物でいう「根」を頭部にもち、そして植物でいう「花」を生殖器として、人間の体の隠された部分にもっているわけです。

植物は逆に、植物の神経である根を大地の方に深くおろしながら、太陽の光の方に向けて花をひらかせています。太陽の純粋な光に照らしだされながら、生殖活動を行なっています。ところが人間は逆に、知的な生活のために、上方に向かって神経をひろげながら――もちろん脳神経そのものは頭蓋《ずがい》によって閉鎖されていますが――アメリカ先住民や古代人の冠が象徴的に強調しているように、知的生命の営みを上方へ向けてひろげながら、逆に生殖器官を大地的なものと結びつけています。

その場合、今の人間の中にはかつての植物的な存在とくらべて、確かにより優れた点がいっぱいあります。たとえば大地の上を自由に歩きまわることもできるし、欲望を満足させることもできるし、自由に好きなことを考える能力も与えられています。そういう種類の能力は、いっさい植物にはないわけです。しかし植物、たとえばバラの樹は、春になれば葉を広げ、太陽の光の中に照らし出されながら、花を開かせ、そして季節のうつりかわりにまったく一致した仕方で、実を結ぶことができます。そのためにわれわれが植物と人間とをくらべて、どちらがしあわせかということを考えた場合に、植物の方がしあわせだと思えてくることもあります。

植物は無意識かもしれないけれども、神々の働きとまったく一致した生活を行なっているのに対して、人間は神々からまったく離れてしまったために、何かを自分で考えるときでも、自己本位の考え方しかできずに、破壊的な欲望や犯罪的な行為などの中に生きたり、ひどい自己卑下に陥ったりして、あげくのはてに自殺してしまったりします。

そういう自殺にまで追いつめられた人間存在と、それから一本のバラの樹と、どちらが存在として、高度のあり方を示しているかを考えると、いちがいに人間の方が優れているとも言えないのではないか、と思われてきます。

そこでオカルティズムは何を考えるかというと、人間の血を、かつての植物の樹液と同じように純化することによって、一方では植物の、つまり太古の人間の中の最高のあり方であった神々と一致した存在の仕方を取りもどしながら、同時に人間の中の最高のあり方、つまり自由な表象生活と愛の共同生活を営む個的存在を確保しようとするのです。そしてこの二つのあり方を結びつけることによって、より高次の存在の可能性を求めるのです。

そしてそう考えたときの象徴こそが、この血のように赤く輝くバラの花なのです。メディテーションに際して、まず最初にそういう感情をいだくことの必要を、シュタイナーは教えています。

つまり植物のバラの中には緑色の樹液が流れています。その樹液は太陽の光によって生み出され、欲望によってくもらされることなく、純粋な存在として四季の移りかわりにまったく一致した生命の営みを行なっている、と考えるわけです。そしてそのかたわらにひとりの人間を考えます。その人間の中にも血液が流れています。その人間は自由にそのバラの花のまわりを歩きまわることができるかもしれませんが、そのかわり、暗い欲望に支配されているために、自分を植物と同じように、宇宙のリズムと一致させるような生活ができなくなっています。

その人間の血液が、もしバラの花の樹液と同じように純粋なものになったとき、いったい人間の存在の中に、どういう可能性があるのだろうか、ということを考えるのが、薔薇十字のメディテーションの前段階なのです。

魂の力

その前段階のイメージを、このようなかたちでもつことはそれほど容易ではないものですから、シュタイナーは、もっと具体的なイメージを、次のように考えています。まず地面から小さな芽が外にあらわれ、そして可愛らしい根を大地に向かって張り出していくところを思い浮かべます。わずかな時間に、その植物はどんどん成長していき、一本の樹木にまで成長します。そして春になると、葉をひろげ、秋になったら紅葉して葉を落とします。そういう植物のイメージを心中に生かす一方で、人間をそれと対比させながら、人間の中に潜在的に秘められている発展の可能性を考えるのです、——どのようにしたら人間が利己的な欲望や衝動を自分の魂の力によって浄化することができるか、と。シュタイナーはそれについて『神秘学概論』の中で次のように書いています。

……そして今、この植物の傍にひとりの人間の立っている姿を表象する。この人間の能力が植物の能力に比してより優れていること、たとえば人間は思うままに好きなところへ行けるのに、植物は大地に固定されている、ということを生き生きと心中に思い浮かべ、そして次のような思考を展開する。——確かに人間は植物よりも優れた存在だ。しかしその代り、植物には見出すことができないが、それ故に植物の方が人間よりももっと優れていると思えるような性質を、私は人間の中に認めざるをえない。人間は利己的な欲望や衝動にとらわれ、それに従って生活を営んでいる。このような欲望、衝動は人間を錯誤に追い込んでいるといえる。植物の場合、純粋な法則に従って、葉から葉へ成長し、太陽の光に向かって静かに花を開いている。だから次のように言うことができる。人間は植物より優れた性質をもっている。しかしそのことの代償として、植物の純粋な合法則性に加えて、利己的な欲望や衝動をもつようになった、と。

私はここで次のような表象を作る。緑色の樹液が植物の中を流れている。これは欲望を知らぬ純粋な成長の法則の比喩的表現である。ついで赤い血が人間の血管を流れている。これは利己的欲望と衝動との比喩的表現である、と。以上のすべてを、私は生き生きとした思考内容として心の中に作り上げる。

それから私は、人間がもっている発展の可能性について思惟《しい》する。いかに人間が利己的欲望と衝動を自分のより高い魂の力によって純化し、浄化することができるか、利己的な欲望や衝動の低い要素がいかに克服され、そしてより高い段階でいかにそれらが再生されるか、と。そうなったとき、血はこの純化され、浄化された欲望と衝動の表現と見做《みな》されるであろう。

私はここで赤いバラの花を心の中に観じ、そして次のように言う。「この赤いバラの花びらの中に、私は赤に変化した樹液の緑を見る。赤いバラは緑の葉のように、利己的な欲望を知らぬ純粋な成長法則に従っている。バラの赤は浄化された利己的な欲望と衝動の表現であるような血の象徴である、と考えることができるであろう。浄化された利己的な欲望や衝動と赤いバラの中に働いている力とは共通のものだ」。その際私はこのような思考内容が理論としてよりも、私の感情の中で生き生きとなるように努める。私は、成長する植物の純粋さと欲望のなさとを思惟するとき、浄福な感情をもつことができる。ついで人間はある種の高度の完全性を手に入れるために利己的な欲望や衝動を身につけざるをえない、と私が思惟するとき、私が前に感じていた浄福感は厳粛な感情に変化させられる。ついで赤い血が、赤いバラの樹液のように、内的に純粋な諸体験の担い手となりうる、という観念に私が没頭するとき、解放感が私の中で幸福感と結びついて生み出される。

以上のような感情体験を作り出したあとで、後段の、本来のメディテーションが始まります。それはこれらの感情内容を次のような象徴像に変化させるのです。はじめに、心の中心に、真黒な十字架を表象します。（これは根絶された低い欲望と衝動の象徴です）。できるだけそれを意識空間の中心に固定させるように努力します。そしてその十字架の柱と腕木の交叉《こうさ》するところに七つの真赤な、透明に光り輝いているバラの花を表象します。（この七つのバラの花は浄化された欲望と衝動の象徴です）。この「薔薇の十字架」をできるかぎり持続的に生き生きと表象します。はじめは一秒か二秒で消えてしまうかもしれません。五秒くらいはつづくかもしれません。ひとによってさまざまですけれども、それをくりかえしつづけることが大切なのです。「毎日一定の時間、他の一切の想念を排してこの十字架の象徴像だけに心を集中するなら、この像は見霊的能力を呼び起こす力をもっている。心を集中させている間、この像は可能なかぎり生き生きと心中に浮かんでいなければならない。前述したところから、この観法がなぜ二つの段階に分けられているか理解できるであろう。それは地上的現実と霊的現実、顕教と秘教、此岸《しがん》と彼岸の両界に対応しているからである。だから第一段階での思考内容と感情とによる構築を省略して、いきなりこの象徴像の観法だけを試みるなら、それは冷たく、効果の少ないものとなるだろう。とはいえ第二段階で薔薇と十字架に心を集中させる場合、前段階での一切の思考内容は完全に排除されていなければならない。そしてこの思考内容と結びついていた感情だけが、気分として、第二段階にまで作用しているべきなのである」――このような言葉でシュタイナーは、このメディテーションについての記述をしめくくっています。

いずれにしても、現代の人間にとっては、メディテーションを規則的に修行している限り、見霊能力をもつことができるかどうかはもっぱら時間の問題であるにすぎない、とシュタイナーは考えていました。それだけに彼は、メディテーションの問題をこの上なく神聖なそして切実なものと考え、それを正しい仕方で公開することに大変な努力を重ねたのです。

第五章　ユングと神秘学

『ユング自伝』

ここで冒頭に取り上げた本書の基本的な立ち位置、つまり「現代の精神科学の観点から『神秘学』の思想を読み解く」問題に戻って、ユングを考えたいと思います。ユングのような膨大な業績を残している人物に対して、少ない紙面で論評を加えることは容易でありませんが、ユングを考える場合に、もっとも重要と思われる問題点を、以下に取り上げてみようと思います。

はじめに、そのための前提となると思われるユングの言葉を、いくつか紹介しておきます。

ひとつは、『ユング自伝――思い出・夢・思想』の中の言葉です。この自伝の中で、晩年のユングは、それまで書物に書かなかった内密な事柄を、かなり大胆率直に述べています。ユングは、もともと非常に用心深い人で、著作の中でも、言いたいことの一部しか述べず、霊的に重要な部分は、個人的な関係でしか語ろうとしなかったのです。けれども、この本を読むとわかるように、晩年その考えを変えたようです。

ウィーン出身の、カール・ケーニヒ博士という有名な医者がいます。彼はルドルフ・シュタイナーの弟子で、キャンプヒル運動という、心身障害者のための共同体をつくった人物です。彼が以前私に話してくれたのですが、あるときユングと話していたら、ユングがルドルフ・シュタイナーについて、彼のことは自分もよく研究しているが、彼はあまりにも早く、秘儀を公開してしまった、という意味のことを述べた、というのです。

これは、ある意味では、ユングにとって当然な発言だと思います。ユングは、神秘学の造詣《ぞうけい》が深かったにも拘《かかわ》らず、自然科学的な立場を貫こうとしたのですから。

ところが、晩年になって、いわば遺言のようなかたちで、驚くべき体験内容を語ったのが、この『自伝』なのです。

今、はじめに紹介したいと思うのは、邦訳の下巻に含まれている「旅」の章の中の一節です。――

「二度目のアメリカ旅行のとき、私はアメリカの友人たちとグループをくんで、ニュー・メキシコのインディアンたち、つまり建設された都市プエブロを訪ねて行った。しかし、「都市《シティー》」という言葉は強すぎるのであって、彼らが建設したのは、実際には村落《ビレッジ》にすぎなかった。しかし次々と重なり合って、ぎっしり詰った家並も、彼らの言語も生活様式一般も、「都市」という言葉を彷彿《ほうふつ》とさせるものであった。そこではじめて、私は非ヨーロッパ人、つまり白人でない人と話をする機会に恵まれた」――

つまり、ユングはこの章の中で、いわゆるアメリカ先住民と話をしたときの貴重な体験を述べているのですけれども、このことを述べるまえに、ユングのみならず、一般のヨーロッパ人にとって、アメリカ先住民がなにを意味しているかということにふれておけば、アメリカ先住民が人類の中でも特別な種族であり、古代以来退化し続け、従ってほかの民族や、ほかの種族との混血さえもうまくいかないくらい特殊で、亡びていくのが当然だ、というような見方が普及していました。スペイン人による征服以来、いろんなかたちで繰り返しアメリカの先住民に対して、そんなふうな一種の根本的な差別思想がありました。それをふまえて考えていただきたいのですが、ユングは初めて、このとき、白人でないひとと話をする機会に恵まれたわけです。

彼が会った相手は、タウス・プエブロスという村の村長で、四、五十歳の知的な男性でした。——

「名前をオチウェイ・ビアノ（山の湖の意）といった。私は彼と、ヨーロッパ人とはめったに話せないほど話し合うことができた。たしかに、彼は彼の世界に、ヨーロッパ人がヨーロッパ世界に閉じ込められているのと同じように、捕えられていた。それはどのような世界なのか。ヨーロッパ人と話すときには、われわれはいつも古くから知っているという立場に陥って、しかも理解しない。このインディアンと話すときには、船は異国の深い海を自由にただよっていた。そしてそのときには、われわれにとってなにがもっとも楽しいのかわからず、新しい海岸の風景を捉《とら》えたり、ほとんど忘れ去った古代の知識へ到る新しい方法を見つけ出すことも知らないでいた」――

まったく思いがけないような仕方で話が展開していくのです。そのような会見中に、オチウェイ・ビアノはユングの姿を見て、この白人を見てごらん、なんと残酷に見えることか、と言ったのです。これはユングのことを他の人に言った言葉です。――

「彼らの唇は薄く、鼻は鋭く、その顔は深いしわでゆがんでいる。眼は硬直して見つめており、白人たちはいつもなにかを求めている。なにを求めているのだろう。白人たちはいつもなにかを欲望している。いつも落着かず、じっとしていない。われわれインディアンには、彼らの欲しがっているものが分らない。われわれは彼ら白人を理解しない。彼らは気が狂っているのだと思う」

ユングの基本的立ち位置

そこでユングは「どうして白人たちがすべて狂気なのか」と尋ねます。――

「『彼らは頭で考えるといっている』と、彼は答えた。

私は驚いて、『もちろんそうだ。君たちインディアンはなにで考えるのか』と反問した。

『ここで考える』と彼は心臓を指した。

私は長時間、瞑想《めいそう》にふけった。私の生涯のはじめに、誰かが私に対して、真の白人像を描いてくれたのだと、私には思えた。それは今まで、まるで感傷的な美しいカラー写真だけを見ていたようなものであった。このインディアンがわれわれの弱点を衝《つ》き、われわれには見えなくなっている真実を明らかにしてくれた。私は心のなかに、未知ではあるが心の真底では親密な人たちが、形の定かでない霧のように、湧出《ゆうしゅつ》してくるのを感じた。この霧の中から、かわるがわるにイメージが別れて出てきた。つまり、まずゴールの諸都市と激突したローマの軍隊、ジュリアス・シーザー、シピイ・アフリカヌス、ポンピなど、ローマの将軍たちの鋭い彫りの深い顔立ちがあらわれた。私は北海と白ナイル河の堤防にローマの鷲印旗《しゅういんき》を見た。それからローマ槍騎兵《そうきへい》の先頭で、ブリトン人たちにキリスト教の信条を説いている聖アウグスチヌスを見た。そしてシャルルマーニュ大帝の栄光に満ちた異教徒の強制回心を見た。さらにそれから、十字軍の略奪と殺戮《さつりく》の軍隊を見た。秘《ひそ》かに心の傷を抱きながら、十字軍にまつわるロマンチシズムの空しさに気付いた。それに続いて、コロンブスやコルテスや」――コルテスというのは、ご承知のとおり、スペインの将軍で、アメリカ文化とアメリカ先住民を死滅させた人物です――「その他のスペイン人征服者たちを見た。彼らは火薬や剣や拷問や、更にキリスト教をもって、彼らの父なる太陽のもとで平和に夢みていた、はるかかなたのプエブロ人たちのところにまでもやって来たのである。また太平洋の島々の住民たちも、火酒や梅毒や、宣教師たちに強制的に着せられた衣服によってもたらされた猩紅熱《しょうこうねつ》のために、多くの人たちが倒れて行くのを見た。

それで十分であった。われわれの観点から植民地化とか、異教徒への宣教、文明の拡張などと呼んでいるものは、別の顔をもっている。つまり残忍なほどの集中力で遠くの獲物を探索する猛禽類《もうきんるい》の顔つきであり、海賊、野盗といった悪人どもにふさわしい相貌《そうぼう》である。われわれの紋楯《もんたて》を飾る鷲《わし》とか、その他の猛獣のたぐいはすべて、われわれの真実の本性を心理学的に代表するものとしてふさわしいと思われる」(『ユング自伝2』河合隼雄・藤縄昭・出井淑子訳、みすず書房、六七—七〇頁)

これがユングの、学者としてのいちばん基本的な姿勢なのです。ここまでヨーロッパの思想家として、自分の、ヨーロッパ人であることとの否定的な側面を見すえた思想家は非常に稀《まれ》です。アルバート・シュヴァイツァーよりもさらに徹底しています。他の民族にヨーロッパからの恩恵をもたらそう、という発想はぜんぜんありません。逆に、自分たちヨーロッパ人のネガティブな面を、徹底的に自分の中にうけとめるところから、彼の心理学は出発しているのです。

ユングのこの基本的な態度をまず最初にとりあげておきたいと思います。それからもう一つ、同じように、ユングにとって大事な学問上の出発点を示している一節が、同じ『自伝』の「塔」という章の中にあります。——

「青年時代（一八九〇年ごろ）に、私は知らず識《し》らず、当時の時代精神にとらえられ、それから脱《の》がれる術《すべ》を手にしていなかった」――

ファウストとメフィストフェレス

当時の時代精神というのは何かというと、さっきの部分にも関係のある進歩主義、植民地主義のことです。ちょうど一八九〇年頃ですから、正に植民地主義全盛の時代です。自分はしらずしらず、当時のその時代精神にとらえられて、それからのがれるすべを、まだ手にしていなかった、と彼は述べています。そのころ――「ファウストは私の心をゆるがせ、個人的としか思えないような仕方で、私の心を射た。なかでも、そこにあらわれている対立性の問題、つまり善と悪、精神と物質、光と闇といった対立の問題を、私のなかに呼びさました。愚かで、何も知らぬ哲学者のファウストが、かれの存在の暗闇、不気味な影であるメフィストフェレスに出会い、そしてメフィストフェレスが、その否定的本性にもかかわらず――「自殺の瀬戸際でためらっているファウストがその悪魔的な本質をあらわすにもかかわらず」――つまり、メフィストといる無味乾燥なファウストという古典学者に、真の活力をあらわしてみせたのである。私の内的な矛盾対立とが、ここでは劇的な形であらわれていた。ゲーテは、私自身の葛藤《かっとう》とその解決についての、基本的な概観と図式を与えてくれたのも同然であった。ファウスト―メフィストフェレスという二分法が、私のなかでは一人の人物となってあらわれ、それが私であった。換言すると、私はじかにぶつかって、このファウスト―メフィストフェレスこそ自分の運命であると知ったのだ。それから、劇《ドラマ》の転回点はすべて、私に個人的に影響を及ぼした」（同五〇―五一頁、傍点は筆者による付加）

　こういうふうに書いてあります。ここでユングが書いているように、彼には、ヨーロッパの学者としての第一の問題点が、「ファウスト」の中に完全に表現されているように思えたのです。学者の生き方だけではなく、ヨーロッパの学問の本質そのものが、「ファウスト」の中に描き出されていると、彼は悟ったのです。その意味で、「ファウスト」の問題を一生追究したのがユングの学問である、ともいえると思います。

　ユングの思想の中には、一貫してメフィストフェレス的な、悪の問題が必ず、ちょうど通奏低音のように響いているのです。

　この点に関連した例をもうひとつあげます。今度もやはり「旅」の章に出ています。

――

「私がインドでとくに関心を抱いたのは、悪の心理学的性質についての問題であった。インド人の精神生活のなかで、この悪の問題は統合されていたが、その統合のされ方に私はひどく感銘を受け、その問題を新しい角度から眺めた。ある教養のある中国人と話し合っていたときにも、その人たちが『体面を失うこと』なくいわゆる『悪』を統合することができるということに、幾度となく繰り返し驚かされた。西洋では、われわれにはこのようなことはできない。東洋人にとって道徳の問題は、われわれの場合のように第一義的な問題とならないようである。善と悪とは、東洋人にとって意味あるものとして自然のなかに包括されており、同一の事象の程度の差異に過ぎない。

インド人の精神性には善も悪も等しく含まれていると私には思えた。キリスト教徒は善を求めて努力し、悪に捉われてしまう。これに反してインド人は自分自身が善悪の彼岸にいると感じており、黙想とかヨーガによってこの状態に到達しようと試みるのである。この点に私は異議があった。つまりこのような態度では善も悪も本来の明らかな輪郭をもたず、ある停頓《ていとん》状態をひき起こすのではないかということである。正当に悪を信じもせず、正当に善を信じもしない。善悪はたかだか私の善であり、私の悪であるものを、つまり私にとって善とみえ悪とみえるものを意味することになる。(中略)インド人の目標は道徳的完成ではなく、『相対性を離れた』状態である。インド人は自然からの解脱を求め、したがって黙想のうちにイメージの消去した状態、空の状態に達しようとする。私は、これとは反対に、自然の、そして心的イメージの生き生きとした観照のうちにいつもありたいと望んでいる。(中略)なにはともあれ、私にとっては解脱ということは存在しない」(同一〇六―一〇七頁)――

この一節がはっきりと語っているように、悪に関する東洋的な見方に対して、ユングは、こんどは逆に、悪の問題を全的に背負うことこそがヨーロッパ人にとっての本来の思想的な課題だということを悟るのです。

ユングのキリスト教

今述べた二つの問題は、それぞれ対極的でありながら、同時に補い合っています。つまりこの「プエブロ・インディアン」と出会ったときに、ユングは徹底的に、ヨーロッパ人としての自分のみにくさを見せつけられ、あらためて自分の顔を鏡に映したときに、なんてみにくい顔をしているんだろう、と思わざるを得なかった。ヨーロッパ人としてです。

それからインド人の前に立ったときには逆に、自分はインド人をかねがねその精神性の高さで尊敬してきたけれども、あらためて考えてみると、インド人の思想の中にない問題が、自分の中ではなまなましく働いている。それを自分は課題として背負わなければいけない、と感じたのです。

ファウスト対メフィストフェレスのように、善の問題と悪の問題の両方が、対極として存在するときにはじめて、善も生かされ、悪も明らかに照らし出されるのです。ユングは自分をファウスト即メフィストフェレス的な存在だと自覚します。

これがユングの思想の本質なのです。こういう観点からユングが、キリスト教徒として、キリスト教を見たときに、どういう宗教観がそこから出てくるか。こういう問題意識をもってユングの著述に向かいますと、その中にはひとつの非常に新しいキリスト教思想が生まれていることに気がつきます。

ですから、現在の宗教心理学者や宗教学者は、ユング以来、キリスト教は新しい段階に達した、と考えるようになってきています。ソロヴィヨフからベルジャエフに至る、ヨハネ主義的な東方ロシア正教のキリスト教思想が、二〇世紀におけるキリスト教のひとつの最高峰であったように、もうひとつ、全く西ヨーロッパ的なプロテスタンティズムの風土の中から、二〇世紀における、同じように最高の精神性の高さを示す思想がユングによって産み出された、ともいえるのです。そういうことから、今日キリスト教を学ぶ場合には、ベルジャエフ的な、ヨハネ主義的なキリスト教と同時に、ユング的なキリスト教を見ることが、非常に重要になってくると思います。

それでは、ユングのキリスト教は、どこでそのいちばん重要な内容が表現されているかといいますと、『心理学と錬金術』の邦訳、上巻の冒頭の論文「錬金術に見られる宗教心理学的な問題」が先ず挙げられます。

『アイオン』と、『ヨブへの答え』というユングの二つの著作も重要です。ことに『ヨブへの答え』は、アメリカで戦後ベストセラーになった本で、キリスト教徒としてのユングが、とりつかれたようになってキリスト教の問題を書いた、すさまじい迫力のある論文なのです。

しかしここでは、『心理学と錬金術』の中にかなり圧縮したかたちで出てくるキリスト教論を先ず紹介しますと、彼はこんなふうに言っています。〝ヨーロッパ人は、道徳的に全くだめになってしまった〟と、彼は自分自身も含めてそう言うわけです。なぜそういうことになってしまったのかをあらためて考えた場合、そこにはヨーロッパ人の全てに共通する心の教育の問題が出てくる、と言うのです。――

「ヨーロッパにおいて心の教育を引受けているのは、カトリシズムとプロテスタンティズムとの別を問わず、支配的宗教であるキリスト教である。しかもそれはキリスト教の公的な任務であるというばかりでなく、同時にその本質に根差すものである。なぜならひとり宗教のみが、いかなる合理的組織にもまして、人間の外的側面と内的側面とに同程度にかかわりを持つものだからである」（『心理学と錬金術　I』池田紘一・鎌田道生訳、人文書院、一八頁）

どこにその間違った点があるかというと、キリストを模倣しようとする態度、「キリストのまねび」という発想に問題がある、といいます。――

「キリストの『まねび』のこのような間違った極めて表面的な捉え方に一層拍車をかけるもととなったのは、ヨーロッパ人の心に先入主として棲《す》みついている偏《かたよ》ったものの見方である。この点で西洋的精神態度は東洋的精神態度からはっきりと区別される。西洋の人間は『幾千幾万ものもの』に呪縛《じゅばく》されている。その結果西洋人は個々ばらばらの事物しか見ようとせず、あらゆる存在の深奥に横たわる根源に対しては無自覚である。これに反して東洋の人間にあっては、そのような個々の事物の集積としての世界は、いやその自我でさえも、夢のごときものとして体験される。東洋人は本質的に根源に根を下ろしている。根源的なものが彼らを惹《ひ》き付ける力は非常に強く、そのため現実世界に対する彼らの関係はわれわれ西洋人にはしばしば理解しかねるほど極端に相対化されている。対象に重点を置いた西洋的精神態度は、キリストという『模範』を自己の外にある客体と見なし、それが人間の内面に対して持っている秘密に充《み》ちた関係を無視する傾向に走りがちである」（同一九—二〇頁）

ここの部分なのです。さっき言った「キリストのまねび」というのはキリストという模範を自分の外側に置いて、それを学ぼうとするというかたちをとるために、キリストとそれから自分の内面との、秘密にみちた関係が無視されてしまうと言うのです。

——

「たとえばプロテスタント聖書解釈学者が神の国に関する εντός ὑμῶν というギリシャ語を in euch（汝《なんじ》らの中に）と取らずに zwischen euch（汝らの間に）と解釈しているのも、このような偏った見方のせいである。もちろんこう言ったからとて、西洋的精神態度の有効性について云々《うんぬん》するつもりは毛頭ない。われわれは誰しもその有効性についいては充分確信しているわけである。がしかし一度東洋人の精神態度に接し、これを理解しようと努めるならば――これは心理学者ならば是非とも試みてみる必要がある――、ある種の疑念の起ってくるのを如何《いかん》ともし難いであろう。良心に疚《やま》しさを感じない者は強引に決断を下し、無知の勇を揮《ふる》って『世界の審判者arbiter mundi』ぶるがよかろう。私自身はむしろ疑問という貴重な贈物の方を大切にしたい」（同二〇頁）

と言うのです。

二分説と三分説

ここのところで問題となっている、クリストゥス・イン・オイヒ（お前たちの中のキリスト）、こういう呼びかけと、クリストゥス・ツヴィシェン・オイヒ（お前たちの間のキリスト）という呼びかけでは、全くキリストの意味が違ってきて、ツヴィシェン・オイヒだとどうなるかというと、何人かの信者があつまったときに、そこにキリストが初めて働きかけるという思想になるし、それから「お前たちの中のキリスト」という言い方になれば、我々ひとりひとりの内部にキリストの霊が働いている、という思想になって、そして霊、魂、体の三分説になるわけです。ところが「お前たちの間のキリスト」ということになると、人間のひとりひとりにはキリストが内在し得ないという観点から、体と魂の二分説になってしまうのです。

ここでユングの言おうとしているのは、プロテスタンティズムの聖書学者や神学者が、こういう簡単な言葉の部分まで、二分説的な発想に毒されているために、自分とキリストとの関係が、全部自分の外側にある神に自分の責任を転嫁する、というかたちをとるということです。そのことが次に出てきます。――

「キリストという模範はこの世の罪を背負い込んだ。従ってもし模範キリストがわれわれの外にあるとすれば、われわれ個々人の罪もまた外にあることになり、それによって個々の人間は断片的性格を前よりも一層強めることになる。なぜなら浅薄な誤解にもとづいて自分の罪を文字通り『キリストの上に投げやり auf ihn zu werfen』、かくして自分自身の重い責任を免れるという安易な道につくことになるからである。これはキリスト教の精神と矛盾する」(同二〇―二一頁)

外的なものに自分の内的なものを投げやることを、ユングは「投影」と名付けています。もしもこのような「宗教的な投影(Projektion)が極端化すると、それは心からその価値を奪い去り、そうなると心は消耗し尽してそれ以上発展を続けることができなくなり、無意識の状態に停滞してしまうということになりやすい。同時に心は、すべての不幸の原因は外部にあるという妄想に取憑《とりつ》かれ、……」(同二二頁)

つまり西洋的な人間、あるいは近代的な人間がなにか不幸の原因、社会的あるいは精神的な不幸の原因を自分の外にあるなにかに投影しますと、たとえば過激派の破壊活動にみられるように、自分自身の内部に向かうべきラディカルなエネルギーが全部外側に転化されてしまいます。彼はそのような態度一般はキリスト教がまねいた種なのだというのです。たとえ誰かがかたちの上ではクリスチャンでないにしても、近代人の態度の中には、二千年におよぶキリスト教の所産である近代主義によって世界中にまきちらされた害毒があらわれている、というわけです。

こうしていたるところで責任を外へ投影する発想や態度が生じてきて、「一旦《いったん》こういう妄想の虜《とりこ》になった者は、不幸の原因は自分自身にもあるのではないか、それはいかなる形でいかなる点に見出《みいだ》されるかということをもはや問うてみようとはしない。彼には自分の心が、善はおろか悪を生む能力さえないほどつまらないものに思われてくる。（中略）心は決して『単なる……にすぎない』ものであるはずはなく、神性への関係（Gottheit）を意識することを許されている存在としての尊厳をそなえているということである」（同一二一頁）

見る術

これがユングのキリスト教的な、根本的な問いかけなのです。この点を追求していくユングの発想というのはすごいもので、だんだんと読んでいくうちに、こんなふうな思想にさえも導かれていきます。——

「キリスト教は、もしその崇高な教育課題を果すつもりがあるなら、是が非でも一からやりなおさなければならない。宗教が単なる信仰や外面的形式にすぎず、宗教の機能が信者に自分自身の心を体験させるというところにない限り、根本的なものは何ひとつ生まれないであろう」（同二五—二六頁）

つまり信仰本位の宗教に、キリスト教がなってしまったら駄目だ、というのです。

そして——

今は「光について語ることよりも」——ここで『光』というのは、キリストのことでもあるし、霊性ということでもあります——、「むしろ人間に見る術を教えることの方が先決問題ではあるまいか」という発想に導かれていきます。——

「というのも、聖なる諸形象と自分の心とのあいだに相関関係を見出しえない人々が余りにも多すぎる」からだ。「見る能力への道が切開かれなければならない。この課題が心理学の助けなしに、つまり心に触れることなしに達成されるとは、率直に言って、私にはどうしても考えられない」（同二七頁）

ここには心理学者としての彼の根本問題が、はっきり出ています。すなわち、心理学的にキリスト教をとらえなおす、つまり見る術としての心理学で、キリスト教をとらえなおすという問題です。その心理学的な見る術をつかうと、キリスト教がどのように見えてくるかといいますと、ここで非常に複雑な問題が現れてくるのです。おおざっぱにいってこんなふうなことが、見えてくるのです。――

「対立性の体験」――つまり先程述べた神と悪魔、光と闇という対立です――「なくしては全体性の体験も、従ってまた聖なる諸形象への内的接近も不可能である。この点から言って、キリスト教が個々人の内部に存する世界の対立性の深淵《しんえん》をせめて外側からなりと開いて見せようという明白な意図のもとに、罪や原罪を主張するのは正当である」。しかし、「カトリックの側における厳しい心霊修業や」――これはイグナチウス・ロヨラの創設したイエズス会の行法です――「いろいろな伝道説教が原因となって、またプロテスタントの側における罪を嗅《か》ぎ出すことに熱心なある種の教育が原因となって心に深い傷を負い、神の国へではなく、医者の診療室へ足を運ばなければならなかった人々がいる。対立性の洞察は確かに不可欠ではあるが、実際問題としてそれに堪えられるのはごく僅《わず》かの人たちだけなのである――懺悔《ざんげ》（告解）の場合もこの事情に変りはない。このような状況に対する一時的な処方の役割を果しているのが、罪による心の圧迫を除去しようとするところの、しばしば各方面からの異議に曝《さら》されてきた『道徳的蓋然論《がいぜん》 moralischer Probabilismus』である」（同三六―三七頁）

ここで言っているのは何かといえば、本来キリスト教に限らないのですが、宗教的な根源的体験に到ろうとすれば、人間は自分の存在の一部分だけでそこに到達することはできないから、人間性のあらゆる部分を全部総動員して、宗教的な問題に向かい合うわけです。そうすると、そういう場合の人間のあり方というのは、必ず闇の面と光の面が出てくるから、当然一方では善良な側面と他方ではその影である人間的な欠点や悪の部分が出てくるわけです。

そこでキリスト教は、その問題をどういうふうに教えてきたかというと、原罪、あるいは罪の問題として教えてきたために、一方では、先程述べましたように、権威ある神さまに向かって、自分の姿を投影するということで、自分自身の罪を神に背負ってもらいながら、つまり告解することによって許してもらいながら、他方では自分自身がとんでもない罪人であるという罪の意識を背負わされるというかたちで、意識の分裂を強制されてきたわけです。

その結果、キリスト教の信者は、天国に行かないで、精神医の診療所に行くことになってしまった、というのです。

特に近代のヨーロッパ人は、大抵山のように罪の意識を背負って生きています。毎日毎日が仕事の上でも家庭生活においても不満の連続なわけですから、あらゆる良心の苛責《かしやく》の中で、山のような良心の苛責を背負って生きているわけです。後悔とか、悩みごととかを全部背負っているわけです。それがキリスト教における信者の十字架を背負っている姿なのです。そこで――

「キリスト教は善と悪との二律背反を世界全体の問題にまで発展させ、この対立を教義に明言化することによって一箇の絶対的原理にまで高めた。この目下のところ未解決の葛藤の渦中に、キリスト教的人間は、世界のドラマにおける善の立役者、すなわち悪の共演者の役割を振り当てられて投げ込まれている。キリストを模倣するというこの役割は、キリストのまねびという言葉をその最も深い意味において解するならば、大部分の人間には到底堪えることのできない苦悩を意味している。それゆえキリストのまねびは、現実には、制約された形でのみ遂行されるか、あるいはまったく行われないかのどちらかであって、教会の司牧活動は『キリストの軛《くびき》を軽減する』ことを余儀なくされるといったありさまでさえある。これは一体何を意味しているか。それは葛藤の苛《か》酷《こく》と峻厳《しゅんげん》とを大幅に消去し、それによって、善と悪との関係を現実に即して相対化することに他ならない。善とは本来キリストの絶対的なまねびと同義であり、悪とはそれを妨げるものの謂《いい》である。まねびを妨げる最大のものは、人間の道徳的な弱さと怠惰である。そしてまさしくこの道徳的な弱さと怠惰という点に関して、蓋然論は人間の実情に即した理解を示しているのである」(同三八―三九頁)

　ここでいっているのは、キリスト教の場合、もはや個人が自分だけでは背負い込めなくなってしまった善と悪の関係を世界の中に投影させるものですから、世界も善と悪から成り立っていて、だれそれは善いとか、どこどこの国は悪いとかというかたちで、絶えず信者のひとりひとりは、対象の世界を裁くという方向に向かわせられている、ということです。

だれが善人であり、だれが悪人であるとか、この政治的立場は善であり、この民族の方向は悪であるとか、そういうかたちでキリスト教的人間は、自分をまるで善の立役者であるかのように見做《みな》していきますが、本当に自分を善人と見做すということは決して容易なことではなく、本来耐えられないことだから、必ずそこで教会からの一種の妥協の手がさしのべられてきて、そしてその妥協を無意識的に受け容《い》れるというかたちをとる、というのです。

男性原理と女性原理

そこで、こういったキリスト教的な従来の発想に対して、ユングはキリスト教の本質を錬金術の中心的な公理である、次の文章によって表現します。すなわち、「一は二となり、二は三となり、第三のものから第四のものとして全一なるものの生じ来るなり」これがキリスト教の本質だと、ユングは言っているのです。そのことを具体的に言うと——

キリスト教は、錬金術を絶えず自分の同伴者としてきた。いわば地表を支配しているキリスト教の地下水の役をしているのが、錬金術的な発想であった。そこに錬金術の精神史的な意味があった。つまり「錬金術のキリスト教に対する関係は、夢の意識に対する関係のごときものであって、夢が意識の葛藤を補償し、融和的作用を及ぼすのと同じように、錬金術は、キリスト教の緊張せる対立が露呈せしめたあの裂け目を埋めようと努める」（同四〇頁）

　この事実を最も簡潔に、しかも深い含蓄をもって表現しているのが、今述べた、「一は二となり、二は三となり、第三のものから第四のものとして、全が生じてきた」という言葉だ、というのです。

　つまり、キリスト教の教義の支柱を成してきた三という奇数のあいだに、女性的なもの、つまり大地、下界、いや悪をも意味する偶数がわりこんでくるという視点です。ユングはこの偶数的なものの化身として、「メルクリウス（つまりマーキュリー）の蛇」を考えています。つまり——

「己れ自身を生み、かつまた破壊する龍《りゅう》」——ここで東洋的な龍がでてきます——「『第一質料《プリマ・マテリア》 prima materia』を表すあの龍である。この錬金術の根本思想は遡《さかのぼ》れば劫《ごう》初《しょ》の水テホム（Tehom）、龍の姿をした万有の母なるティアマットに、従ってまたマルドゥク神話の神々の争いにおいて男性的な父性世界によって征服された母性的原初世界に源を持っている。意識が『男性的原理』の側へと世界史的な移行を遂げるにあたっては、まず初めに、無意識の地上的・女性的原理の補償作用が存在したのである。キリスト教以前の諸宗教のいくつかにおいてはすでに、男性的原理が父―息子という形態をとって分化しはじめており、この変化はその後キリスト教が登場するに及んで最高度の意味を獲得するにいたる」(同四〇―四一頁)

ここまでは何を言っているかといいますと、キリスト教は三位一体を主張するわけです。つまり、父と子と聖霊という三位一体です。そしてキリスト教の祈りは、「天にまします我らの父よ」、という言葉ではじまります。つまりここには常に「男性的な原理」が働いているのです。「天にまします我らの母よ」、とはいわないで、「天にまします我らの父よ」と祈り、そして生まれてくる神々のひとり子は男の子、つまりキリスト教の「キリスト」であって、娘ではないわけです。

そういう点からいうと、キリスト教は徹頭徹尾、男性的原理の上に成り立っている宗教です。そして男性的原理の上に成り立っている思想には、常に先程述べたような、光と闇のぎりぎりの対決が、そのままのかたちであらわれてくる、というのです。従ってキリスト教における善と悪、光と闇の思想、つまり十字架を背負うということを信者のひとりひとりに要求する発想というのは、全部男性的な原理から出てくる発想だ、というのです。

錬金術の発想

ところがそれに対して、キリスト教の本質には、今まで従来の伝統的なキリスト教の神学者が問題にしなかった錬金術の発想というのが、地下水のように存在していた、そしてその発想は、女性的原理の発想だったというのです。

つまり男性的原理が、ぎりぎりのところでその緊張に耐えられなくなってしまった場合、無意識が――つまり緊張というのは意識の幼さであり、男性的原理というのは、意識的原理ですから、これに代って無意識が――母、娘という特殊形態を生み出して、これを包み込むという、そういうかたちをとるようになります。このようなかたちはすでに神話の中で、デメテル―ペルセポネ――父なる神と子なる神という男性的原理に対する、デメテル（大地の女神）とその娘ペルセポネ――という神話の中で存在していました。

しかしこの神話的な母―娘の関係に対して、錬金術的な思考の中に働いている無意識は別の親子関係を呈示します。それは「第一質料」――「大宇宙の息子」という関係であり、キュベレ―アッティスの類型として表現されます。なぜなら無意識はこれによって、男性的原理に欠けているものをただ補充するという意味で働くのではなく、男性的原理が一面的になりすぎないように調整するために代償（補償）的に働くことを求めるからだ、というのです。つまり父なる神を代償する無意識界の神はキュベレという女性神（第一質料）であるが、子（息子）なる神を代償するのは娘ではなくて、ふたたび男性であるアッティス（大宇宙の息子）なのだというのです。――「『第一質料』―『大宇宙の息子』ないしキュベレ―アッティスという形態からも判るように、意識における父―息子という組合せの片方の類型である息子が、『地上的』無意識世界から、平行像ないし補完像として呼び出すのは娘ではなく、同様に息子なのである。この注目すべき事実はどう考えてみても、聖霊（Heilinger Geist）が聖処女を懐胎せしめることによって可能となったところの、純粋に精神的（geistig）な神が地上的人間本性において顕現するというあの神の子キリストの人間化と深い関係があるように思われる。かくして上なるもの、精神的なもの、男性的なものは、下なるもの、地上的なもの、女性的なものに心を寄せ、その結果、父性世界に先行する母なるものは、この男性的なものの意を迎え、人間精神（すなわち愛智の精神〔哲学〕）という道具を用いて、ひとりの息子を生むことになる。この息子は上なる神の息子キリストに対立するものではなく、その地上的対応物であり、いわゆる神人（Gottmensch）ではなく、根源的母性の本質を具有した神話的存在なのである。そして上なる息子は人間（すなわち『小宇宙（Mikrokosmos）』）の救済を任務としているのに対して、下なる息子は『大宇宙の救済主（salvator macrocosmi）』としての意義を担うことになったのである」（同四一―四二頁）

ユングはこういう言い方をしています。この部分は非常に難解で、なにを言っているのか、これだけ読むとわからないような表現ですが、ここで述べていることが、ユングによって新しくとらえなおされた「キリスト教」の正に核心の部分にあたるのです。なにを言っているのかというと、古代以来の精神史の流れを見ればわかるように、男性的原理が支配する精神と、女性的原理が支配する精神というのがたえずあって、大雑把な言い方になりますが、東洋では女性的原理が支配する文化、つまり母権的な文化が、ヨーロッパではキリスト教的な、男性的、あるいは父権的な文化が発展しました。父権的な社会では、従来のキリスト教が教えているように、造物主である父なる神と、それからその委託を受けて地上で人々を救済するその息子、つまり子なる神キリストというかたちが出てきました。

それに対して母権的な社会での神々のあり方は、大地の女神である大母神（デメテル）とその娘（ペルセポネ）との関係の中で人間の救済が計られました。

ところがキリスト教でも、錬金術的なエソテリックなキリスト教は、この二つの神統のどちらでもなくて、根源的な母性神を体現する第一質料とこの根源的質料の無意識的ないとなみの秘密を解き明かす息子としての人間を問題にします。このような関係がキリスト教の本質をなしているのだ、というのです。この錬金術的な意味での息子としての人間とは聖霊を担った人間のことです。このような人間は、神話的にいうと、男性なんだ、とユングはいうのです。そしてその男性とは「自我」のことに他なりません。母性的な存在の根源から「下なる息子」として生れたひとりひとりの人間こそが、大宇宙の救済主としての役割りを担っており、キリスト者として、神々を救済する、というのです。従来のキリスト教的発想からいいますと、神が人間を救済するために、地上に受肉化してくるのですけれども、ユング的な意味のキリスト教では、ひとりひとりの人間の中に受肉する下なる息子、つまり自我こそが神々を救済する役割りになっているのです。なぜなら神とは本質的に無意識の存在だからだ、とユングは主張します。この主張は、ユングの理解したキリスト教がどれ程心理学的であるか、逆にいうと彼の心理学がどれ程キリスト教的であるか、をはっきりあらわしていると思います。

神々を救済する

ユングの根本的な発想の中には、心理学的な意味で、見える眼をやしなうということがあるのですが、いわばそのような見るという行為からキリスト教をとらえなおした場合、聖書が繰り返して語っている霊の世界は意識と無意識から成り立っている、とユングは考えるのです。

その際意識とは、無意識を作り出すもとではなく、逆に無意識から生みだされた、いわば感覚器官のようなものだ、と考えます。光があってはじめて見るという知覚活動があり、音があって聞く行為が可能となるように、知覚活動というのは、その時々の外界からの刺激によって意識から生み出されます。そのような意識と知覚との関係が、無意識と意識の関係でもあるのだ、とユングは言うのです。つまり無意識というひとつの大きな霊的存在が、その都度何らかの刺激を受けて、知覚体験のような明るい自己を体験するとき、意識が生み出される、と言うのです。

そうしますと、無意識は、意識の根拠になるわけですけれども、そのような観点からキリスト教をとらえなおした場合、従来の公教的な、教会で信者に教えてきたような神学は、すべて意識の問題しか扱おうとしていないことがわかります。しかし心理学的に見れば、精神の母胎としての神は無意識的存在であり、そのような無意識的存在である神が、その都度人間の中で意識化される場合に、信仰が成り立つと考えられるわけです。

神がどれほど無意識的存在であるかということは、意識的な世界がどれ程矛盾だらけであり、地獄のように救いがたいものか、ということを考えてもわかります。もしも神が意識的存在として、理想的な世界をつくろうとしたのだとしたら、いまのこんな地獄のような世界をつくるはずはない、とユングは考えたわけです。神は決して望んで今のような世界をつくったのではなく、本来無意識的な存在としての神はある種の根源的ないとなみを演じているだけなのだ、というのです。そのいとなみの上にどういう意識形態、あるいは現実社会が生み出されようとも、神そのものはその成立に直接係りをもちえない、というのです。従ってもし現実世界なり、意識なりが、非常に悲惨な、不幸なものになってしまった場合、それは神にとっても不幸な状態をいみするにも拘らず、神はそれを変えることができません。人間が本当の意味で新しく、人間の側から、社会なり意識なりを建て直せば、それはとりもなおさず神々にとっての救いにも通じる、というのです。

これが無意識の心理学から見たキリスト教、あるいは宗教に対するユングの根本的な発想です。従って人間の存在のいみは神々を救済することにある、というところにまでいっています。決して人間は神によって救われる存在ではなくて、キュベレーアッティスというかたちで、人間の中に内在している霊、体でも魂でもなく、霊によって、この世の存在の根底を成している神々を救済する役割りを、人間は背負っていることになります。そういう立場から、キリスト教を捉えなおしたときに、キリスト教に新しい意味が出てくる、とユングは言います。

そこで、これからが本論なのですけれども、このような神々の救済のために、ユングは「見る能力への道が切開かれなければならない」(同二七頁)というのですが、われわれはどうすれば「見えるようになる」のでしょうか。ユングはこの問題を、以上との関連において、どう考えていたのでしょうか。キリスト教を新しくとらえなおすためには、西洋的な精神的風土の中で、どのようにして見る行為を実現するか、という問題を避けて通ることはできません。

「見る行為」というのは、イニシエーションに他なりませんが、すでに述べたように、イニシエーションにはアポロン的、とディオニュソス的、の二つがあります。

両方とも、見ること、なにが光なのかではなくて、見えるようになるための方法を問題にしています。

そこでユングは、見えるようになるために、アポロン的秘儀を問題にしたか、ディオニュソス的秘儀を問題としたか、を考えてみますと、明かに彼は、危険を承知の上で、ディオニュソス的な道をとりました。それは本章の冒頭に述べたことから当然考えられることで、彼は危険であることを背負いこむことに、ヨーロッパ的な生きがいを見出そうとしていたのです。あらゆる罪の問題を、自分の中に全部取り込み、自分が破滅しても破滅しなくてもかまわないから、ともかく見る行為に徹することで、現代のヨーロッパ的精神を生きようとして、最初からディオニュソス的な秘儀に向ったのです。

ところがユングはこのような「方法」について、あまり言おうとはしていません。ゲルハルト・ヴェーアの『ユングとルドルフ・シュタイナー』という本を読んでも、ゲルハルト・ヴェーアはルドルフ・シュタイナー派の人ですから、ルドルフ・シュタイナーとユングを区別して、ルドルフ・シュタイナーは、イニシエーションの方法をはっきり提示したが、ユングは提示していない、それからルドルフ・シュタイナーは意識の問題に徹しているのに対して、ユングは無意識の世界にはいっていき、明確な意識化の作用を怠っているとか、そういう感想が述べられています。けれどもユングをよく読むと、そうは言えなくなってきます。

超越機能と能動的構想力

ユングもまたシュタイナーと同じように、イニシエーションの問題をつっこんで論じています。そして意識化への努力もしております。決して無意識や夢の世界にとどまってはいないで、それを意識化しようと努力しています。このことは特に彼の『超越機能』という論文の中に詳しく書かれているのですが、この論文は長らく公開されず、はじめて全集にとりあげられたのです。しかもイニシエーションという種類のことばを全然使わないで、ひとつの心理的機能、「超越機能」として論じていたのです。それからもう一つ、ユングは『自伝』（邦訳）の上巻最後の「無意識との対決」と題された一章の中でも、この問題をかなり具体的に書いています。それ以外にも彼は自分の弟子たちに、「能動的構想力」（アクティィヴ・イマジネーション）ということばを使って、ディオニュソス的な見霊体験を具体的に語っていました。その場合、超越機能と能動的構想力とはほとんど同義に考えていいと思われます。この問題を深く追究しているひとりは、マリー・ルイズ・フォン・フランツです。彼女の『ユング、現代の神話』が紀伊国屋出版から刊行されていますが、フランツは、「能動的構想力」のいわば専門家として、エソテリックな研究をずっと続けながら、晩年のユングの共同研究者として錬金術の研究をつづけました。ユングが死んだあとは、その後継者として活躍した代表的なユング学者です。この人の『ユング』の邦訳一二〇頁以後に、能動的構想力が論じられています。

「ユングはリヒャルト・ヴィルヘルムの『黄金の花の秘密』(一九二九年)の序文の中で、はじめて能動的構想力についての詳しい記述を発表した」――『黄金の花の秘密』には邦訳もありますから、興味のある方はお読み下さい。道教の一般に公開されない行法について述べられている重要な文献です。リヒャルト・ヴィルヘルムはこれを道教のある秘密結社から入手し、許可を得てドイツ語に翻訳したということです。「この東洋の瞑想のための指導書を読んだ時、彼はすでに自分で一つの内的な道を歩きはじめていたが、その道が東洋では既知のものであっただけではなく、長い伝統を通してすでに一つのプログラミングされた内的な道として作り上げられていたのをはっきりと知ったのである。事実、能動的構想力のあり方は多様な東洋の瞑想形式（ヨガその他）との根源的親和性を示している。とはいえその際相違点もまた明らかに見られる。能動的構想力の道はプログラムを持たず、完全に個的である」――つまりディオニュソス的なのです。――「助言者は東洋の導師（グル）とは違い、個々のプロセスを指導しようとはしないで、ただはじめに弟子が主知的な解釈や芸術的表現という前述の袋小路《ふくろこうじ》におちこまないように監視するだけである。それ以外はすべてその時々の一回限りの内的出来事としてうけとられる」

と書いてありまして、そのあと、この問題をこの本はいろいろな箇所で取り上げています。ユングの『自伝』の「無意識との対決」のところでは、これはすごい文章なのですが、彼は次第に自分の内部と深くかかわっていく過程で、いろいろな夢を体験していきます。そしてこれらの夢が彼を彼自身の無意識の深層へ導いていく過程が語られています。この過程について興味のある方は、ご自分で読んでみて下さい。ここではそのかわり、同じ『自伝』下巻の「旅」という章に出てくるラヴェンナでの体験について紹介してみようと思います。ラヴェンナへの旅を通して典型的な仕方で能動的構想力と神秘学的な体験との結びつきが語られています。

ラヴェンナへの旅

ユングは二度ラヴェンナに出かけています。一度は一九一三年、二度目はその二十年後、錬金術とか、能動的構想力とか、超越機能とか、そういうことを彼が徹底的に考えていた時期に当ります。二度目に訪れたとき（一九三二年か三三年の頃）も彼はふたたびガラ・プラチディアの廟《びょう》（内部のモザイクで有名な廟です）をたずねました。ついでにつけ加えておきますと、イタリアにいらっしゃることがあったら、ぜひこのラヴェンナにいらっしゃることをおすすめします。きっと他で体験できないようなすばらしい体験があると思います。なぜかというと、ラヴェンナほどモザイク芸術がいまだに完全に残されているところはめったにないからです。非常に古い教会堂がいくつも残っています。ここはかつての東ゴート王国の首都でもありました。

その中にガラ・プラチディアという、波瀾《はらん》万丈の生涯をおくった女性の廟がありますが、その廟の内部はいまだに何か特別の雰囲気につつまれています。

「ここで、まず私の心を打ったのは、堂内に満ちた柔かな青い光であった。しかしこの光を、私は少しも不思議に思わなかった。私はその光がどこから来るのか知ろうとしなかったし、この光の素晴しさは、光源を見ることができなくても、私には構わなかった。はじめに訪ねたときの記憶では窓があったと思っていたところに、このたびは四枚の大きなモザイクの非常に美しいフレスコ画があったので喫驚《びっくり》した。どうも私は完全に忘れてしまっていたらしい。自分の記憶が全然当てにならなくて、腹立たしかった。南面のモザイク画はヨルダンの洗礼を描いており、北面の第二の画像は紅海を渡るイスラエルの民の移住の図で、東面の第三の図はすでに記憶が薄れてしまった。おそらくヨルダンで重い皮膚病を清めているナアマンを描いていたようである。このモザイク画にそっくりな画題が、私の蔵書の古いメリアン聖書にあった。もっとも感銘をうけたのは、洗礼堂西面の第四のモザイク画で、われわれが最後に見たものである。それはキリストが波の下に沈んでゆくペテロに手をさし出しているところを示していた。このモザイク画の前で、われわれは少なくとも二〇分間は立ち止って、洗礼の始源的な儀式形式について議論した。とくに、真の死の危険と結びついたイニシエーションとして、洗礼についての奇妙な古代の考え方に関して論じあった。（中略）」——古代では洗礼者は実際に被洗者を水にひたし、そしてその溺死《できし》の危険をかえりみずに洗礼をほどこした、といわれております——「水に沈んでいるペテロのモザイク画については、私ははっきりと憶《おぼ》えていて、今日でもその細部を目の前にありありと見ることができる。海の碧色、モザイクの一つ一つの石片、キリストとペテロの口から出ている、そして私が解読しようとした巻き物《スクロール》図柄などである。われわれは洗礼堂を出て、すぐにモザイク画の写真を買おうと思い、アリナリ」——アリナリというのは、ヨーロッパで最初に美術写真を販売した店で、今でもあります——「へ行ったが、見つけることができなかった。時間が迫ったので——短時間見物に立寄っただけであった——、その買物を後日に延期した。私はその図版をチューリッヒから注文しようと考えた。

帰国したとき、ラヴェンナに行こうとしている知人に、例の図版を求めてきてくれるように頼んだ。ところが彼はそれを捜し求めることができなかった。というのは、私が述べたようなモザイク画が実在していないことが、彼はわかったからである」(『ユング自伝2』前掲書、一一八―一一九頁、一部訳語を変更)

ユングは、ガラ・プラチディアの洗礼堂の中で、彼の友だちと一緒に見た四点のモザイク画が、現実には存在せず、彼自身の幻視した、あるいは霊視した光景だったというのです。このラヴェンナ体験は、彼に決定的な印象を与え、それ以来彼は、ヴィジョンの客観性について、あれこれと考えるようになります。そして次第に、単なる夢ではなく、能動的構想力を通して、霊界への参入が可能になるということを、彼は確信するようになっていきます。本来ユングは精神医ですから、患者の治療にたずさわっていたのですが、こういう段階になってくると、もはや病人が問題ではなくて、患者を健全な状態に直すのと同じように、こんどはいわゆる健全な状態の人を霊的に見える人にかえることの方が大事になってきます。

分析と統合

このような時点で、彼は意識と無意識との関係を新しくとらえなおそうとしますが、その際、意識と無意識との統合のしかた、つまり「超越機能」の問題が彼の心を大きく占めるようになるのです。ユングは、超越機能が分析的ではなく、構成的である、と述べ、ルドルフ・シュタイナーもまた、分析的心理学と共に、統合的心理学が大切だ、と述べています。ユングは自分の立場を分析的心理学と名づけていますが、イニシエーションの問題になると、ユングもまた構成的、統合的な態度をとっていたのです。

さて、超越機能を発動させるに当っては、先ず象徴がもはや病的なものとして、病理学的な観点から解釈されるのではなく、ほんとうの象徴として、つまりそのイメージの意味と目的とに従って、評価されることが、必要になってきます。その際前提となるのは、ひとりひとりが自分の象徴を見出すことです。そしてその自分で見出した象徴を、病理学的にではなく、象徴学的に、その意味と目的の観点から把握することが必要だというのです。

「この機能を有効に働かせるためには、まず夢をとりあげなければいけない。夢はいわば無意識の純粋の産物だからである。夢は疑いもなく、意識化の過程でもろもろの変化を蒙《こうむ》るが、しかし夢が意識化の過程で蒙る変化と変化の仕方もまた、無意識に起源をもつものなのだから、このような変化もまた問題にされなければならない。夢のみならず、目覚めているときの、あるいは半ば微睡《まどろ》んでいるときの、自由に立ち現れ

てくる諸々《もろもろ》のイメージもまた、ここで問題になる」（全集版第八巻八九頁、以下拙訳）

このようなイメージと夢とが、心的な水位が低下している状態の時に現れてくる場合――それが通常の場合ですが、――低下した心的水位の特徴、つまり、（一）論理的な不連続性、（二）断片的性格、（三）アナロジーの形成、（四）言語、音声、図形上のごく表面的なむすびつき、（五）まざりあい、（六）表現の非合理性、（七）混乱等々が現れてきます。これに反して、強化された心的エネルギーが働いている場合の夢やイメージは、逆に秩序立った性格を獲得します。そこにはドラマティックな構成と明瞭《めいりょう》な意味関連とが現われ、その結果観念連合の価値が増大します。

しかし第一のデータである夢は、一般に心的水位が低下した状態の下に生じますから、無意識の意味と目的とを知る手立てとしては、決して十分な材料を提供してくれません。そこで第二に、気まぐれな思いつき、無意識的な行動の妨害、記憶ちがい、どわすれ、等々の、いわゆる病的兆候といわれるものをも材料にします。この場合は、すでにフロイトが問題にしたように、妨害という病的な仕方で、無意識から意識の方に、直接干渉してくるものをたんねんに材料としてとりあげるのです。

第三に材料として自然発生的なファンタジーを取り上げます。ある種の人々の場合、意識的に批判的な態度を捨てるだけでも自由にファンタジーがあらわれてきます。もしそうであれば、能動的構想力にとって非常に好都合ですけれども、しかしこのような特殊な能力は、すべての人にそなわっているわけではありませんから、そうでない場合には、特別な訓練によって、これと同じようなファンタジーを呼びおこす必要が出てくる、というのです。どのような訓練がそのために必要かというと、まず練習によって、自分の内部の批判的な注意力を排除する方法を獲得することです。そして、空虚な意識を自分の中に生み出します。このことが現代人にとってそれ程容易ではないとすれば、それは意識が絶えず、批判的な注意を排除することに、抵抗しつづけるからに他なりません。このような訓練を行う場合に、特に注意しなければいけないのは、われわれの魂の自動制御装置が、機能しない場合です。そのような場合は一般に非常に多く起っています。自分で健全だと思っている人間の場合にも、自分の内部の魂の自動制御装置が機能していないことがずいぶんあります。ですからまずそこから考えなおさなければならない、というのです。

どういう場合に「自動制御装置」が働かなくなるのかというと、一般に人間の無意識は、意識に対して代償的な機能を持っていますから、意識が特定の方向に極端にまで進もうとすると、必ず無意識がそれを反対の方向に持っていこうとします。反対の方向で無意識の代償作用が働くわけです。そのいちばん簡単な例は、禁欲的な状態にいるときには扇情的な夢をみる、非常に幸せなときには途方もなく不幸な夢をみる、という事実です。無意識的に自動制御装置が働いているからそうなるわけです。

ところが、意識が極端に特定の方向に行ってしまった場合、無意識はそれを制御しようと思っても、制御できなくなります。現代生活の場合、そのような例が非常に多いというのです。その結果、無意識が行なう代償作用は抑圧され、加速度的に、意識のプロセスだけが、ますますプログレッシヴな方向にむかってすすんでいくことになります。そして意識と無意識との間には大きな分裂が生じてきます。

ところが社会的に適応することに夢中で生きている場合、このことが全然意識できずに、自分が健全な状態で働いている、と考えてしまいます。

根拠のない不快感

このような人の場合、ファンタジーは呼びおこそうとしても出てきません。したがってこの第三の、「意識と無意識の分裂」の問題を特に重視しなければいけないということが、この部分で注意書きのように加えられています。

その際、自由なファンタジーを生み出す手段として特に何が必要かというと、根拠のない不快感、あるいは理由もなく乱された気分に注意を向けることです。もちろん自分が不快感を感じたり、気持を乱されたり、気分がなんとなくおちつかなかったりする場合、そのことの合理的根拠はいくらでも見出せますが、しかしそういう気分の発生を因果的に説明しようとする場合、その説明はたいてい他人にとってしか納得がいくことはない、とユングは考えています。

他人のだれかがわけもなく気分がわるいという場合、その人が女性で、満月のときに不機嫌になるという女性的特徴をもっているとすれば、今ちょうど満月だから、それで気分がわるいんでしょうということで、他人は半ばは納得すると思います。けれども、当人はそんなことではとても納得できません。そのようなとき、納得できないということに固執する必要がある、とユングはいうのです。もしも自分が理由もなく不快感をもったり、気分を乱されたりした場合、そのときこそ能動的構想力を発揮するのに、もっとも適当な状態だ、と考えるのです。そしてその興奮した状態の中でイメージをよびだす努力をしてみると、心中に自分でもおどろく程いろいろなファンタジーが生まれてくる、というのです。たとえば自由連想法を使うとか、自動筆記といって、ノートに無意識的に字を書いていくと、それが意味のある文章になるという方法、それから芸術的な方法、たとえば絵の好きな人なら絵をかくとか、舞踏を自分で行うとか、粘土で彫塑的な試みをするとか、ユングは積み木や箱庭も考えていますが、そういうありとあらゆる仕方で自分自身の興奮状態を利用して超越機能を発動させるのです。

根拠のない不快感が生じる場合は、だいたいにおいて、環境に対する適応のしかたにどこかまちがったところがあるのですから、しかもそのことを意識が意識していないからこそ、根拠なしの不快感として、無意識がそれを表現しようとするのですから、当然そのときには無意識が特に強く自己表現を行なっているはずだ、ということになります。

根拠がある不快感だったら、もう意識化されているわけですけれども、なんとなく不愉快なときは無意識が特に立ち騒いでいるわけです。そのような場合、つまり第一のプロセスとして、根拠なしの不快な気分がみつけだせたならば、次に第二のプロセスとして、この不快な気分の中に没頭するのです。そしてその気分を引き金として、ファンタジー、夢、着想、あるいは自動筆記などを生じさせるのです。

ユングにとって、この場合大事なのは、フロイトの自由連想のような方法をとらないことです。フロイトの自由連想は、ご承知の通り、次から次へと、勝手に連想を発展させていくわけですが、そういうかたちをとると、失敗してしまいます。ですから連想の連続に終始する代りに、最初にもっていた気分から絶対に離れないということが、ユング的方法の一つの特徴です。自由連想は、どんどん初めの気分からはなれていきますが、ユングの場合は、絶えずその基本にある、根拠のない不快な気分をとりまいて、そこに集中するように集中するようにと、考えていきます。

これが第二のプロセスです。第三のプロセスは、このようにしてなんらかの意味で、具体的あるいは象徴的に不快感の内容が直接表現できた場合には、今まで関連づけをもてなかった人間の本質的な気分がこれによって分節化されえたことになりますが、それはこのような仕方で意識の側からの共同作業があったからこそはじめて可能だったのだ、というのです。

つまり超越機能とはこのような意識と無意識との集中的な共同作業によって生れるものと考えられています。

形成的と了解的

さてこの超越機能が働くとき、人によって、形成的な側面が主になる場合と、了解的な側面が主になる場合とに分れます。形成的な特徴がでてくる場合には、今述べた不快な気分が、曼荼羅《まんだら》のような図形として表現されるとか、即興的な音形として表現されるとか、粘土のような彫塑的な造形として表現されるとか、あるいは詩や文章で表現されるとか、いろいろですけれども、要するになんらかの意味で、芸術的な形成を生み出す力がある場合です。

それに対して、比較的芸術的なことは不得手だけれども、本をよんだり、ものを考えたりすることは得意だというタイプの人の場合には、むしろその不快な気分の本質の意味を理解し、了解しようとする方向に、むかうものですから、そういう人の場合には、意味関連がはじめから問題になってきて、自分の夢を解釈するとか、日記の中で自分の不快感を分析するとか、そういうかたちをとるわけです。

ユングにとってはそのいずれの場合でもかまわないのですけれども、できたら各人が自分の生来の、またはそのときその時の状態における、形成的な側面と了解的な側面とをよく知っておくことが大事だ、と彼は述べています。そして自分に合った側面でできる限りの努力をすれば、大抵はその側面が強まり、その結果、芸術的な人は、その成果を自分が生み出した芸術作品であるかのような気がして、ひとに見せたがったり、自分でも自分のことをかなり芸術的な才能があるかのように思いこむようになります。けれども、ユングにいわせれば、それは決して芸術作品なんかではないのだから、あまり人に見せたり、自分でうぬぼれたりする必要はないということになります。同じ意味で、了解の方が強調されてくると、いろいろな面で自分についても、他人についても批判的になり、分析的に理屈をこねてみたくなるとか、なにかそういう一種の極端に片寄った傾向がはっきり出てくるようになりますが、それはこのディオニュソス的なプロセスを通過するためには当然遭遇する危険として、あえてそれを引き受ける必要が一度はあるのだ、とユングは考えています。

さて、これにつづいて、少し複雑ですが、非常に大事なプロセスが出てきます。この点に関するユング自身の文章を先ず紹介しておこうと思います。

「以上のような手つづきは、特定のモティーフが存在するときにこそ、正当な仕方で

遂行される」(同九九頁)

自我の役割

つまり無意識の中にモティーフが存在していることが明かな場合でなければ、この超越機能は正当に発動しない、というのです。けれども無意識の中でもモティーフの存在が明かに現れるというのは、意識が混乱におちいっている場合です。「従ってそのような場合、次に必要なことは、いったい自分自身の自我が、その状況に対してどのような態度をとるか、という問題である」(同九九―一〇〇頁)

ここではじめてユングの超越機能の中に自我の問題が出てきます。今のことは、ちょっとややこしいのでもう一度言いますと、すでに述べたように、形成的な側面と、了解的側面、言い方をかえれば、芸術的、美的側面と道徳的、倫理的側面、そういう両面のどちらかで自分の中に今まで知らなかったようなある特定のモティーフがあらわれてくるような場合、つまりそのようなモティーフが無意識の中からでてきている場合、意識は当然そのとき混乱におちいっているか、非常な困窮をかかえているような状態にあります。だからこそ不快な気分を持っているわけです。

そのような状態においては、自我がそれに対してどういう態度をとるかが、決定的な意味をもってくる、というのです。「自我」というのはひとくちで言うと、意識という舞台の監督、もしくは演出家であるといえます。

　人間の魂をひとつの演劇にたとえるならば、意識は、いわば舞台です。その舞台の上にはありとあらゆる役者があらわれてきます。たとえば喜びや悲しみという役者とか、思い出とか希望とか、あるいは恨みとか、ありとあらゆる役者がでてきて、そのそれぞれが魂の気質や性格に応じて、人生というドラマをこの舞台の上で演じています。その場合、このドラマを演出している存在を、自我と名づけるわけです。

　この自我が人生の筋書きに対してどういう態度をとるのかが、人生にとって決定的意味をもってくるのです。

　この点はユングを問題にする場合に、しばしば誤解される部分です。ユングは、無意識という深層心理の心理学者だから、なにかどろどろした人間の無意識世界を掘り出すことを目ざしているというふうに、うけとられがちです。ところがユングの心理学の本質は、自我論にあります。意識の演出家である自我が、そういう無意識からの働きかけに対してどういう態度で対決を示すか、ということが、ユングにとっても、イニシエーションのプロセスの決定的な部分になっています。そしてこの自我による無意識との対決から、能動的構想力は第二部へうつるのです。

第二部では、自我がどのようにして無意識と対決するかという、自我対形成、了解の対決のしかたが問題になりますが、ユングはこれを「個体化」という言葉で表現しています。自分の目の前に、今まで述べたような手つづきをふんで、無意識がひらかれてくる状況に向かい合うことになった場合、自我はこの無意識とどのように対決をするかということに個体化の本質がある、というのです。もしも無意識の世界が、圧倒的な力で自我を抑え、自我が全然自分自身を主張できなくなってしまうような場合、往々にして統合失調症的な傾向があらわれてくる、しかしもし逆に、そのような状況の中で、自我が最後まで主導権をとりつづけることができたとすれば、自我は超越機能を達成したことになる、というのです。自我が了解や形成の力に負けてしまえば、統合失調症的な傾向が出てくるし、自我が主導権を握れば、超越的な機能が達成される、統合失調症的な妄想におちいるか、超越的な機能によってイニシエーションをまっとうするかという精神のこの決定的な戦いを、ユングは自我と無意識との戦いと呼んでいるのです。そして自我が主導権を握りながらも、無意識の主張を自我が受け容れ、それによって「内なる対話」が可能となったとき、ユングによれば、「意識が拡大される」前提が作られたことになるのです。

「意識と無意識的内容との対決をとおして、たえず意識が拡大されていく。このことが頭では理解できても、普通はこの対決を自分でやってみようとする勇気と自信が欠けている。だからあえてこのような努力を行なおうとはしない。もしくは人間は精神的にあまりにも怠惰なのだ。しかしこの超越機能の実現は患者に、あるいはひとりの人間に、自分の力で、自力で自己を解放し、自己への勇気を見出すための道なのである」（同一〇四頁）

これがユングの結論です。ユングの神秘学的な認識のプロセスはこの超越機能の問題を通してせいぜいこのていどまでは辿《たど》ることができます。最初に言いましたように、このプロセスをユングは、あまり明確なかたちでは文章化しようとしませんでした。おそらくは自分の弟子に、一対一で伝授したのだろうと思います。しかしこういうかたちで整理してみますと、あとはひとりひとりが自分でユング的な認識のプロセスを辿ろうと思えば、不可能ではありません。最初の必要な手続きは夢の分析であり、それからさらに、自分の中に漠然とした不快感があったときに、単なる不快感としてそれを見過さないで、それを積極的、能動的に自分の意識を拡大する方向に、方向転換させるのです。

ユングがはっきりした根拠のない不快感をなぜ大事にしようとしたのか、といえば、明瞭な根拠をもたない不快感は、人間の精神の問題を考える場合、非常に重要な意味を持っているからです。なぜかというと、意識の世界は普通、外から人間に対して働きかけてくるマイナスの影響を全部解消させるだけの、いわば解毒作用を行うことができるのです。その作用は意識のいちばん重要な機能の一つだと思います。たとえば非常にいやなことをひとから言われた場合にも、それを自分の意識がはっきりと把握できる限りは、そのいやなことが自分の魂を深くきずつけないように心を守ることができます。

大抵の場合に、外からくるマイナスの影響は、一応意識のこのバリヤーを通して無害にされることができます。ところがもし意識を通過することなく、否定的な影響が外から心に侵入してくる場合、人間はその外からの影響に対して防御するてだてがないものですから、その結果、肉体的な苦痛や精神的な打撃を受け、そして心身の病気におちいります。

小さな子どもはよく根拠のない不快感に陥ります。小学生の中に根拠のない頭痛を訴えたり、下痢したりする子どもが多いのは、まだ意識が充分に解毒作用を行えないものですから、学校で先生に叱られたり、友だちとの関係がうまくなかったりすると、すぐに肉体的に影響してくるからですが、大人でも同じで、無意識にだれかの悪意をうけたり、無意識に自分にふさわしくない仕事を強制させられたりしますと、肉体に影響してくるわけです。

ところが自分で、なにが自分にとってマイナスだったのか、ということを意識するようになりますと、つまり自我がそれに向かいあうことができますと、そういう否定的な力が失われるか、弱まるかします。そしてこのことがシュタイナーにとっても意識と無意識とを考える場合の決定的なポイントになっています。

ユングにとっても、あらためて自我によってもう一度解毒作用を行なわせようとするのが、今いった超越機能の第二部の本質なのではないかと思います。そしてこの解毒作用がおこなわれたあとは、そういうことが全然なかったときよりも、むしろ意識と無意識との関係が、もっと積極的に深まってくるので、意識の拡大がこれによって可能になるわけです。それはいわばディオニュソス的な意味で非常に危険な道で、一歩道をあやまると、神経症におちいったり、自分の潜在的な要素がもっと表に現れたり、ということも起りうる道ですけれども、しかし自我の力を全面的に信頼して、それを絶えず維持しようと努力すれば、これは決して有害な道ではなく、非常に生々しく、一歩一歩そのプロセスを自分で確かめることができるような、精神的な向上の道になる、というのがユングの道の本質なのです。

第六章　ブラヴァツキー——近代精神と神秘学

「新しい人間」の探求

最後に、ひとりの近代ヨーロッパにおける代表的神秘学者の生涯を例にとって、近代精神と神秘学とのかかわりの問題について具体的に考えてみようと思います。

ここで取り上げようと思うのは、その思想の偉大さにもかかわらず、思想史の上でまったく無視されてきているロシアの見霊者であり、ソロヴィヨフのような哲学者のみならず、スクリアビン、エリック・サティ、カンディンスキー、モンドリアンのような芸術家にも決定的な影響を与えたブラヴァツキー夫人のことです。

彼女は神智学協会の創立者としても有名ですが、思想家としての彼女の姿は依然として多くの偏見と無理解によって歪《ゆが》められています。しかしここでブラヴァツキーを取り上げる理由はその点にあるのではなく、彼女がルドルフ・シュタイナー、C・G・ユングとともに、近代ヨーロッパの生み出した三人の特別に傑出した神秘学者であり、「自我」の思想家のひとりだからです。「自我」のかわりに、「個体主義」という言い方をするならば、この三人は個体主義的な神秘学を打ち立てた、三大思想家だともいえます。ユングにおける個体主義については、第五章でくわしく述べました。

無意識と自我との対決のぎりぎりのところで、最後にユングは集合的無意識の内部のいわゆる「ゼルプスト」（自己）ではなく、意識の主体である「自我」に頼ろうとしています。その態度を首尾一貫させている点では、心理学者の中でもとびぬけてユングはラディカルです。

神秘学者の中でそういう態度をとっている人は、必ずしも多くありません。むしろごく少ないといえます。たいていの神秘学者は、だんだん集合的になり、最後には伝統主義者になりがちなのです。その結果、たとえば民族主義者として、ある特定の集団精神を旗印にかかげて、それの下にあつまることを求めます。たとえば大和《やまと》魂を中心に右翼思想をつくるとか、あるいはナチスのように、ヒットラーを中心にした一つの霊的共同体をつくるとか、そういうふうに共同体の中に個人個人が救済を見出《みいだ》そうとするかたちを、どうしてもとってしまいます。それを最後まで徹底的に拒否しながら、新しい人間のあり方を探究しようとした神秘学者がどこにいるかということを考えてみますと、それはなんといっても、まずブラヴァツキーであり、次にシュタイナーだという気がするのです。

そういう意味でブラヴァツキーを見ますと、彼女は、初めから終わりまで、まったく一匹狼的な生き方に徹しているのです。

彼女の生き方もそうだし、彼女の思想もそうです。

東洋との出会い

それはどういう点にあらわれているかというと、いちばん典型的にあらわれているのは、いわゆる『ジャーンの書』です。

ブラヴァツキーの『シークレット・ドクトリン（神秘教義）』は、全部この『ジャーンの書』の上に成り立っているのです。『ジャーンの書』とは何かというと、ブラヴァツキーによれば、それは太古のチベットのもっとも神聖な書として、長い間誰にも公開されずに秘蔵されていた書物のことです。彼女だけが特別にそれを見せてもらったそうで、『シークレット・ドクトリン』はそれを一般に通用しうるように表現しなおして公開したものである、と彼女は述べています。

ところが実際にはそういう文献はもちろん存在しません。あるいは存在するのかもしれませんが、今までのところ、誰もそれを見たことがないわけです。誰も見たことがないような書物を現実にあると主張しながら、その主張の上に自分の思想体系をつくったということは、何を意味するかと言いますと、第一にそれは近代における文献学的な批判的方法を完全に否定していることのあらわれです。彼女は、自分が近代の文献主義を頭から否定するという態度を、まずこの書を出すことによって、はっきり打ち出したわけです。

一般に近代では、誰かが一つの主張をしようとする場合、それについてどう考えるかというと、いったいそれがどのような文献に基づいているのか、その文献が原典としての意味をもちうるか、そしてその文献の内容が正しく解釈されているか、ということを見るわけです。そして文献学的にそれらの点が認められなければ、客観性がない、つまり学問的に取り上げる必要はない、と考えます。

どんな場合にも、これが前提になります。歴史学の問題でしたら、そもそもすべてが文献史料の上に成り立っているわけですし、宗教的な主張でも全部そうで、それは聖書のどこに書かれているか、そして聖書のその部分は、何世紀のいつごろに書かれたものか、その部分は偽書ではないか、あるいは書かれた時代はもっと後なのではないか、等々、全部文献主義的な方法でそれを扱うわけです。

日本で言いますと、『日本書紀』や『古事記』は、明らかに文献学的にも奈良時代につくられたものだということが確かめられますから、それで、そこに書かれているものは、文献として一応信頼できる、その成立した時代をはっきりうつしだしている、と言えるのですけれども、『先代旧事本紀』や『旧事本紀大成経』は偽書とされているわけです。

偽書とされると、その中にどんなに立派な思想が含まれていても、主張されている時代の思想としてはなんの意味もないと言われてしまいます。

そういう考え方に対して、真っ向からブラヴァツキーが、そういうことを全部承知の上で、自分は『ジャーンの書』を発見したから、それに基づいて、太古以来の叡智《えいち》を発表する、と言いながら、誰が見てもそんなものは存在していないにちがいないということがわかるような本を、麗々しく持ち出しているという点が、ブラヴァツキーの特徴なのです。

それからもう一つの特徴は全然首尾一貫していないことです。首尾一貫してはいませんが、深く読んでいくと、実に論理的なのです。日本でいえば加藤郁乎《かとういくや》さんの文章のようです。加藤さんは、俳句も作るし、歌も作るし、エッセイも書きますけれども、誰が読んでも、その俳句は何が書いてあるのかわからないくらい、いわばシュルレアリスティックです。エッセイも同じように、非常に難解で、何が書いてあるかわからないくらいですが、本当に読んでいくと実に論理的に、筋のとおった思想を展開しています。

それと同じように、ブラヴァツキーの書物はいいかげんに読みますと、実にでためでに主張しているように見えながら、まともに真正面からそれにぶつかって読んでみますと、実に論理的に、意識的に、一行一行正確に書こうと思って書いている文章です。そういう意味のあたまのよさというのは無類です。実に透徹した知性の持ち主だと思うのですけれども、従来ブラヴァツキーは透徹した知性の持ち主だという言い方で評価されたことはほとんどまったくといっていいくらいありませんでした。

そのことをまず考えていただきたいのと、それからもう一つ、これからお話しする前提として考えていただきたいのは、ブラヴァツキーとシュタイナーは、両方とも、ヨーロッパの思想家です。ブラヴァツキーはロシアの、シュタイナーはオーストリー、あるいは広い意味でドイツの思想家ですけれども、二人とも東洋の神秘学に対して特別に敬意をはらっただけではなくて、徹底的にそれを研究した神秘学者なのです。

ですからふたりとも、自分の述べている神秘学のなかに表現されているものはすべて、東洋に存在するものだ、と言っています。ところが、それにもかかわらず、非常に新しいのです。

そのことをブラヴァツキーは、こんなふうに言っています。「私の神秘学をひとことで言えば、モンテーニュの次のような言葉で表現できるだろう」。それはモンテーニュの『随想録』にある言葉なのですけれども、「わたしは、目の前にある花をつみとったにすぎない。わたしの方からそれにつけ加えたものがあるとすれば、その花束を結びつけるリボンを結んだという行為だけだ」、というのです。

ブラヴァツキーはそのように、自分の思想は東洋の中に全部含まれているのだけれども、それを自分はつみとって、一つの花束として、みなさんの前に提出してみせただけにすぎない、という言い方をしているのです。

ルドルフ・シュタイナーもまた、西洋のオカルティズムということを自分たちが言っているにしても、自分たちの言う西洋のオカルティズムの思想は、全部東洋の中にすでに存在しているものだ、しかし自分が二〇世紀の初めにあらためて神秘学を問題にするのは、その思想内容をまったく新しい形式の下に、現代の時代の意識にふさわしいかたちで表現する必要があるからだ、と言っています。

このことの意味は非常に重要でして、否定的に見れば、なんだそんなものはみんな東洋の仏教にもあるし、ヒンズー教にもあるし、あるいは回教にもキリスト教にもあるじゃないか、というふうに言えるのですけれども、逆に言うと、シュタイナーなりブラヴァツキーなりを読んでみてはじめて、仏教とかヒンズー教とか、キリスト教の今まで見えなかった部分が見えてくるということもあるのです。

シュタイナーとの関連

そういうことから言うと、ブラヴァツキーとシュタイナーとは、いわば道具をつくってくれたのです。顕微鏡のような道具、あるいは望遠鏡のような道具、あるいはそれによってはじめて、今まで歪んでしか見えなかった像を正確な像にうつしかえてくれるような鏡、そういう道具として、この二人は神秘学を打ち立てていると思うのです。

ですからブラヴァツキーやシュタイナーを読むことによって、新しい宗教に加担するというのではなくて、今まで自分の属していた宗教、たとえば仏教徒なら仏教、ヒンズー教徒ならヒンズー教が、今まで以上にその宗教の本当の意味が、理解できるようになる、そういうあり方が、ブラヴァツキーとシュタイナーの望んだ本当の神秘学のあり方なのだ、という気がするのです。そのことをこの二人は、くり返しくり返し、いろんな書物の中で主張していますが、この点もあまり正確に受けとめられていません。その弟子たちは、自分たちが新しい世界観を打ち立てたような気になり、その思想をとおして別な思想を批判してしまうのです。

ところが近代の神秘学をとおして、別の思想を批判するのでしたら、もはや近代の神秘学ではなくなってしまいます。近代の神秘学をとおして、ますます他の思想を評価できるようになるというところが、いちばんの本質なのだということを考えていただきたいのです。

そういうことから言うと、まずブラヴァツキーが、全然道のないところに道をつくり、それからルドルフ・シュタイナーがその道をさらに徹底的に歩み通したという、そういう特徴があります。

それから、今度は個々に、ブラヴァツキーとシュタイナーの伝記をながめてみますと、はじめの道の開拓者、それからその道を更に歩みつづけた人物、そういう二人のあり方に非常にふさわしく、ブラヴァッキーは、もの心がついてからすぐにヨーロッパを飛び出してしまい、ヨーロッパ以外のところで人生の大半をすごします。たまにヨーロッパに帰ってきても、すぐにまたヨーロッパ以外のところへ出かけていきます。そしてヨーロッパ以外の土地からヨーロッパをながめて、そしてヨーロッパに警告を発するというかたちをとるのです。

一方ルドルフ・シュタイナーは、一度もヨーロッパから外へ出たことがない人です。そして徹頭徹尾ヨーロッパの思想を、始めから終わりまで、つまり古代ギリシア哲学から、時代の最先端の哲学や自然科学、熱力学とか量子論まで、徹底的に研究することで、西洋思想の伝統の中で神秘学を打ち立てるということをしたのです。つまり、彼の神秘的な事実へのアプローチの仕方は、科学的な訓練を積んだ現代人にふさわしく論理的であり、知性の輝きをあらわしています。

この二人の特徴を、現在の我々も、あらためて受け継いでいかなければいけないのではないかと思います。

つまりブラヴァッキー（一八三一—一八九一年）も、シュタイナー（一八六一—一九二五年）も過去の人物ですから、この二人の思想を解釈する場合に、ちょうどブラヴァッキーやシュタイナーが東洋に対して学んだときと同じような姿勢で、ブラヴァッキーやシュタイナーを時代を超えて見直す必要があるのではないか、その際彼らと同じように、思想界の裁判官になるのではなく、もっぱら認識の道具になることに徹した態度をとる必要があるのではないか、と感じるのです。

これからブラヴァツキーについて、以上の点を具体的なかたちで述べてみたいと思います。

孤独を生きる

ブラヴァツキーが生まれたのは、一八三一年、七月三十一日でした。八月十二日という説もあります。見たところ非常に太っていて、肉体をいかにも重たげに背負っているという感じで、弟子たちの話によると、歩きっぷりもなんとなくドタドタしており、決してスマートではなかったようです。しかしその手はきわだって美しかったそうです。今残されている写真を見ますと、非常に大きな青い眼が、射るような眼差《まなざ》しを相手に向けているという感じです。うすいちぢれた髪の毛を無造作にたばねています。服装もかなりいいかげんだったらしいです。

そして当時の人の話では、悪ずれした下士官みたいに、すごく口がわるくて、聞くにたえないような悪態を平気でつくような一面があったようでしたが、別な面では、どんな社交界のどんな雰囲気の中でも、きわだって見事に、洗練された社交ぶりを発揮することができました。そういう両面をもっていたらしいのです。

彼女の出生を見ますと、父親の方も、母親の方も、ヨーロッパ最高の貴族の家柄です。父親はドイツ系で、メクレンブルグの十字軍以来の名家と言われている、フォン・ハーンという騎士の出です。なぜフォン・ハーンというかと言うと、ハーンというのはドイツ語でおんどりのことですけれども、サラセン人に奇襲をかけられたときに、みんなテントの中で眠っていたらしいのですが、にわとりが大きなトキの声をあげたので眼をさまし、そのおかげで命からがら逃げることができたというのです。それ以来自分をフォン・ハーンと名乗ったと言われています。彼女の父親は陸軍大佐でした。彼女の母親というのは大変な人物で、ロシアのジョルジュ・サンドといわれていた作家です。ロシア皇帝の娘の一人で、二十七歳のときに三人の子どもを残して死んでしまいました。それ以来ブラヴァツキーは、父親だけではとても育てられなかったので、親戚《しんせき》のもとにひきとられました。そしてその親戚のもとで家庭教師についたり、学校にかよったりして、成長していくのです。けれども、家庭教師や学校の先生とはじめからいざこざを起こしつづけ、どこにいっても、まともに、調和的に生活することができませんでした。子どものときからお転婆で向こう見ずな娘としてとおっていたらしいのです。小さいときから、ロシアの広大な草原の中で、暴れ馬にまたがって、好きなところを乗りまわすのが好きでした。命知らずで、どんな冒険も平気でやってみせたりするところがいつもあったらしいのです。

しかしどんなにいたずらをされても、学校の先生や家庭教師の女の先生はブラヴァツキーの並はずれた知的理解力と音楽に対する才能とをいつも高く評価していた、と妹が伝記で書いています。

生まれたのは南ロシアの、長くて読みにくいですけれども、エカテリノスラフというところです。

コリン・ウィルソンの『オカルト』（中村保男訳）という本がありますが、邦訳下巻の最初に、ブラヴァツキーのことをかなりくわしく紹介しています。けれどもあれを読みますと、コリン・ウィルソンのような人物でも、ブラヴァツキーをまともに評価できなかったような気がします。何か嘲笑的《ちょうしょうてき》なスタイルで書いています。ブラヴァツキーが、オカルティズムのまったく新しい道を真剣に、まったく孤独に辿《たど》っているという印象がなくて、むしろ勝手気ままに好きなことをやっていたことを強調するように書かれています。

しかしブラヴァツキーの書簡や晩年の文献を読んでみますと、そこから浮かびあがってくるブラヴァツキーのイメージはちょっと類がないくらい深い思索家であり、しかも時代の意識と非常に良心的に向かいあっている姿が、とても感じられるのです。その例として、妹にあてた手紙の一節をここで引用しておこうと思います。

『シークレット・ドクトリン（神秘教義）』執筆のころ妹が、ちっともこのごろ返事をくれない、という手紙を、出したらしいのですが、それに対する返事の手紙の一節です。

――わたしが今どんな仕事をしているのかですって。もしも苛酷《かこく》な仕事というものがあるとすれば、あなたの姉さんこそ、それをやっているのです。毎月、四十頁から五十頁にわたるエソテリック・インストラクション（行の指導書）を書いています。書き終わると、それが五、六人の仲間の手で献身的に清書され、夜間に石版にすられ、三百二十部のコピイとなって、人々に手渡されます。もちろん私は、そこに写し違いのないように、私のオカルト的認識が、間違って人に伝えられ、誤解されないように、注意しなければなりません。なぜなら、この三百二十部を受ける私の弟子たちの中には、銀髪の老人も、カバラ学者も、フリーメイソンの会員もいるからです。この仕事について、雑誌「ルシファー」の発行の全責任を私は引き受けなければなりません。この雑誌のために、主要論文を書くと同時に、その他いろいろの文章も書きますし、雑誌の構成も全部自分でやります。ダデマール伯爵夫人が送ってくれるパリの「神智学雑誌《ルヴュ・テオソフィック》」も、私が手をいれなければなりません。それから私は自分のパンのために、他のいろいろな雑誌にも、原稿を送ります。

毎土曜日は、面会日です。そして木曜日には、集会があります。そのときには学問上の質問もよく出ます。そしてほうぼうの雑誌や新聞の記者だけでなく、学者や化学者もやってくるものですから、その人たちの質問に答えるために充分準備しなければなりません。そしてそれは速記されて、ほうぼうに発表されるのです。

学者の中には、キングスランドのような電気学の専門家、カーター・ブラックやウィリアム・ベネエのような自然科学者も含まれています。

私は彼らの前で、オカルティズムの理論を弁護しなければなりません。そのときの私の発言は、新しく創刊された月刊雑誌「トランスアクションズ・オブ・ザ・ブラヴァツキー・ロッジ」（「ブラヴァツキー・ロッジ会報」）に印刷され、発表されます。

それから同じ妹にあてた別の手紙の中にもこんな一節があります。——

——私は毎月、私の個人雑誌「ルシファー」を発行したうえに、パリの雑誌「白《ロト》蓮《ユース》」、ニューヨークの雑誌「ザ・パス」、マドラスの雑誌「セオソフィスト」のために原稿を書かなければなりません。H・S・オルコットが嘆いているように、私の原稿がはいらないと、購読者が減るというのです。こういう雑誌の仕事の合間に、

『シークレット・ドクトリン』第二部を書きつづけ、あわせてその第一部の校正の仕事もしています。毎日二十人から三十人の人が会う理由があったりなかったりしながらも、私に面会を求めています。これらをやりとげるために、一日が二十四時間どころか百二十四時間あっても足りません。


ブラヴァツキーの仕事ぶりについて弟子が報告したものを読んでみますと、朝六時から午後四時まで、たてつづけに机に向かって仕事をしていたらしいです。

そのときの仕事ぶりは、絶えずタバコをスパスパ吸いながら、おどろくほどの集中力とスピードとをもって、書きつづけていたらしいです。ともかく一巻が千頁くらいある『ヴェールをとったイシス』二巻を二年くらいで書いてしまい、『シークレット・ドクトリン』になりますと、この手紙に書いてあるように、多忙な仕事のあいまに、やはり三年くらいの間にあの膨大な内容を書いてしまうわけですから、ちょっとふつうでは考えられないくらいのスピードです。

それから四時になりますと、ここに書いていますように、二十人から三十人、ときにはもっと多くの面会者に、一人ずつ丁寧に会って、個人的な話し合いをするわけです。それから九時から十時ごろには、ベッドにはいるらしいですが、その前に彼女は必ずロシア語で新聞を読んだ、などとも書かれています。そういう生活をずっとしていたのです。

しかも彼女のやっている仕事というのは、決して一般の人々から祝福されていたのではありません。その思想は前代未聞の新しさをもつものだったので、彼女は絶えず猛烈な迫害を受けていたのです。その迫害も、一方ではその当時のアカデミックな学者たちからの徹底的な無視か冷たい嘲笑、他方ではキリスト教会——カトリック、プロテスタント両教会——の側からもありとあらゆる妨害を受けました。それから後には、コナン・ドイルもその会員だったロンドンの心霊学協会とも不幸な関係をもつようになりましたし、そのうえ更には伝統的なオカルティストもまた、自分たちが大事に、自分たちの仲間だけに伝えてきた神秘学上の秘伝をブラヴァツキーが一般に公開してしまったことで、彼女に反対していました。

インド、アメリカへの旅

そういうあらゆる妨害を受けるものですから、彼女は非常に体をわるくして、晩年はしばしばベッドから起きられなかったくらい、苦しんでいます。けれどもそれを克服しながら、今いったような仕事をしていたのです。

それから、コールマンというアメリカの文献学者がしらべたところによりますと、一八七七年から七八年にかけて書かれた『ヴェールをとったイシス』の中には、少なくとも千四百冊の本が利用されているというのです。そしてその千四百冊の中から、二千百ヵ所が引用されているそうです。それが『シークレット・ドクトリン』になると、それ以上にめくるめくほどの発想のひろがりをもっています。けれども、いったいどうして、こんな短時間に、しかもほとんどそのころ読まれていなかったような貴重な文献を適切な箇所に引用することができたのかということは、謎としか言いようがありませんが、彼女自身はそれを説明するのに、自分は一々文献にあたったのではない、ただ自分がある特定の問題を考えると、眼に見えない霊界の導師《グル》が自分に必要な書物を目の前にさしだしてくれたので、自分はただそれを眼の前に見ながらうつしていけばよかったのだ、という言い方をしています。そういうけたはずれの人物だったのです。

生涯をもう少し辿っていきますと、彼女は十七歳まではともかく、親戚や教育者たちと絶えず喧嘩《けんか》をしながらも自分の故郷ですごしますが、十七歳のときに四十歳年上のブラヴァツキー将軍、この人はトランス・コーカサスの副知事だったそうですが、この人と結婚します。

ところが結婚して数ヵ月たつと、簡単に彼と別れて、父親が旅に出るのをいい機会に、父親にくっついて、外国へ出てしまいます。そしてそのころとしては考えられないんですけれども、インドへ、そしてアメリカへ一人で行くのです。

アメリカでは、北アメリカからメキシコへ、南アメリカへと旅をしながら、カスタネーダが書いているドン・ファンのような、ああいう古代以来のアメリカのシャーマンのグルーについて、魔術の修行をするのです。

彼女は四歳のときから霊的な能力があった、と自分で言っています。四歳のときからいろいろな仕方で、予言する声が聞こえ、病気その他の危険が起こりそうだと警告を受けたらしいです。

このアメリカの旅行から帰ってくるころになると、彼女にはたいへんな能力が身につきまして、彼女のいる場所で、隣においてある本が突然宙に舞い上がったり、花をいけてある花瓶が動いたり、ということが、自分の意志と関係なく、あらわれるのです。そこでロシアのサンクト・ペテルブルクその他の町でセンセーションをひき起こします。彼女はほうぼうによばれて、さまざまの実験を、ユリ・ゲラーのようにやってみせるわけです。

彼女は、今言いましたように、はじめから反抗的な人物でしたから、そういうことで皆が驚くと、おもしろがってどこへでも出かけていってやってみせたわけです。

ちょうど時代が実証主義の全盛期にあたり、ライプツィヒあたりでは、フェヒナーという哲学者が、自然科学的な実験とオカルティズムとの結合をはかろうとしたりして、そういう霊現象に対する科学的な関心が最初におこった時代にぶつかるものですから、そこで彼女はヨーロッパ最大の霊媒ということで、心霊現象の実験台にされるのです。

彼女はそれを商売としながら、いい気になって生活をつづけます。パリに行ったときには、薔薇《ばら》十字会のメンバーがブラヴァツキーの特別な才能をみこんで、自分たちの秘伝を伝授したりするらしいのですが、彼女はここにも長くはいないで、また旅をつづけます。そして二十九歳から三十三歳くらいまで、一八六〇年から六四年にかけて、自分の郷里のコーカサス地方で、いろいろな商売に手を出します。

謎だらけの人生

たとえば、一般に市販されているよりもずっと安いインクを大量生産して売ってみたり、造花の製造工場をつくってみたり、黒海沿岸の方から材木を輸入して売ってみたり、そういういろいろな商売をやりながら、波乱に富んだ生活をつづけます。一八六三年、三十二歳のときには、イタリアに出かけていき、ガリバルディという当時の有名な革命家に共鳴して義勇団、今でいえばイタリアの過激派に加わって大けがをし、病院に入院したりします。病気になったあと、彼女はギリシアを通ってエジプトに行きます。そしてエジプトのあるコプト人から、ヘレニスティック時代にさかえた古代エジプト以来のグノーシス派の秘儀を伝授されます。

彼女は何度もエジプトに行っては古代エジプトの秘教研究に打ち込みますが、そのかたわらインドにも出かけて、北インドから何度もチベットに入ろうと努力します。しかしそのつどイギリスの政府に阻止され、なかなかチベットには行かれませんが、北インドでヒンズー教の行者に会い、ヨガの秘伝を伝授されます。

このようにして一八六四年から六六年まで、つまり三十三歳から三十五歳までの彼女は、エジプトにいます。そして霊媒能力を発揮しては、エジプトの各地に心霊実験のグループをつくりますが、そのあとエジプトから故国ロシアのティフリスという町に行き、そこでまた重い病気にかかり、それ以来世間から姿をかくしてしまいます。こうして三十代の後半、三十六歳から三十九歳まで、彼女が何をやっていたかはいっさい不明なままになっています。三十代の後半はブラヴァツキーの生涯の中で、いちばん謎の部分です。一説には念願がかなってチベットにはいり、チベットで最高のイニシエーションを受けた——彼女自身の言葉によれば、太古のアトランティスの秘儀に参入した——と言われていますし、それからブラヴァツキーが、ハルトマンというドイツの有名な神智学者に打ち明けたのか、あるいは彼女が自分のいちばん身近な人の誰かに話したのをハルトマンが聞いたのか、どちらかなのですけれども、ハルトマンによりますと、この当時彼女は肉体はティフリスの町の病院の中に横たわったまま、彼女自身の霊体がチベットにあって、チベットのグルーたちの中で生活していた、と言うのです。

いずれにせよ三十代後半の彼女が、まったく新しい経験を重ねていたことは確からしくて、四十代になってから、彼女はまったくちがった人物に生まれかわっています。非常に謎に包まれている三十六歳から三十九歳までの時期をすぎますと、彼女はまた再び、三度目のエジプト旅行に出かけます。そしてカイロを中心にして、いたるところで霊媒となって心霊実験を行なう間に——そのころ彼女はヨーロッパ最高の霊媒といわれていました——ソシエテ・スピリットという会を組織します。ソシエテはフランス語、スピリットは英語ですから、変わった会ですけれども、彼女はこのソシエテ・スピリットを中心にいよいよ新しい精神運動を始めようとします。しかし始まるとすぐに挫折《ざせつ》してしまい、彼女の意図は実現できずに終わります。この会が長続きしなかった理由のひとつは、いいオルガナイザーがおらず、彼女が全部ひとりでやらなければいけなかったことにあったようです。そこで仕方なしに再び南ロシアへもどり、それからパリからニューヨークまで、各地を転々とします。ニューヨークに着いたのは一八七三年の七月七日でした。

神秘学の基本と方法

このパリからニューヨークへの旅の間に、彼女にとって運命的な出会いが生じました。おそらくパリで、彼女はオルコット大佐という大変組織力に優れた立派な人物と知り合ったのです。そして七五年の十一月十七日にはニューヨークでいわゆる「神智学協会」という、今日も活発な活動を続けている有名な組織を創設します。オルコットという人物は有名な奴隷解放の闘士でした。霊的な問題には若いときから関心があったのですが、それをどう深めていったらいいかわからずに、多年苦しんでいたのです。一方、ブラヴァツキーは自分の獲得した霊的な思想内容をどういうかたちで人々と分かち合えたらいいか思い悩んでいたわけで、そういう二人がちょうどこの時期に、運命的な出会いを持つわけです。

そこでオルコット大佐を会長に選び、ブラヴァツキーをいわば霊的な指導者として、ここに従来のヨーロッパでは全然考えられなかったようなかたちの精神運動が展開されることになります。

ここでひと言つけ加えておきたいのですが、神秘学もしくはオカルティズムの方向の学問は、当然のことですが、大学では、文科系でも、自然科学系でも、とり上げられる機会のない学問分野です。それが学問であるかどうかさえ、疑問視されている学問分野です。そこでそのような神秘学のいちばん重要な精神ともいうものが考えられるとしたら、それは他の学問の精神とどこが違うかという問題が生じてきます。哲学、文学、自然科学、等々の学問の精神と、それからここで今まで一連の話をすすめてきました神秘学の精神とがもし同じものであれば、従来の学問の体系の中の一分科ということですむわけですが、そこでおさまりきれない部分があるとすれば、それは何なのでしょうか。

そこでぜひ考えていただきたいと思うのは、今日の学問を支えている近代科学全体のもっとも基本的な精神というのは、批判であるということです。つまり近代科学は、ひと言で言えば批判学なのです。絶えず、にせものと本ものとを区別し、真実と虚偽とを区別する学問です。だんだん曖昧《あいまい》な部分をけずっていきながら、本当にこれだけが真実であるという部分をとり出してみせるという、否定の作業を通じて、対象を明確にするという批判の学が、近代科学の根本的態度なのです。

けれども神秘学は、このような方法をとりません。この方法をとらないでどうするかと言うと、あらゆる意味で異質のものを結合します。その意味では批判の学ではなく、融合の学なのです――そういう言葉が仮にあるとすればですけれども。それで批判学の方をロゴスの学、融合の学の方をソフィアの学と、はじめに述べたのです。ソフィアの学としての神秘学（テオソフィー）のいちばんの努力目標は、人類の文化の中にあらわれてきた、ありとあらゆる多様性を可能なかぎり融合しようとする努力です。これが神秘学の基本です。ですから特殊な見方、特殊な世界観、特殊な価値観、そういうものを否定するのではなくて、そういうものをとり上げながら、それをどこまで互いに結びつけうるか、その結びつける力がどこまでおよびうるかというところに、神秘学の本来の意味があるのです。

宗教や世界観を近代科学の中で規範の学として、キリスト教神学とか仏教学とか、そういうかたちの規範の学問として考えた場合、キリスト教の本質を明確にし、仏教の本質を明確にするために、学者はそのような学問対象を批判的に考察していくわけです。そして仏教やキリスト教の中にある曖昧な部分とか、にせの部分とか、通俗的な部分とかというものを切っていって、純粋の本質とか実体とかいうものを提出するというのが、批判的な学問の行き方になってきます。ところが今まで話してきた神秘学的な方法論からいうと、逆になります。それがどんなに曖昧な、通俗的なものであれ、それがどのような「霊的衝動」から発したものであるかを考えます。そして相違を明らかにするのではなく、相互の本質を結びつける愛の立場を獲得することに努めます。現在の時点でそれがどの程度達成されているかは別の問題ですけれども、しかし学問の目標はそこにおかれているのです。

神智学協会の三課題

なぜそういうことを目標におくのかというと、神秘学の究極の目標が、第一に、人類の調和と平和、ということだからです。それは近代的な、ヨーロッパに発した近代的な世界観のアンチテーゼになるのかもしれませんが、この発想なしには人類の将来が危うくなるという危機感に貫かれているのです。

ですから、ブラヴァツキーの神智学運動も、その精神は徹頭徹尾融合を目ざすことになりますから、ある思想が仮にヨーロッパのものであろうと、仏教のものであろうと、あるいは古代アメリカや古代エジプトのものであろうと、いかにしたら従来各文化民族の間に別々に存在していたそれらの霊的な諸方向を統一するためのいわば道具が見出せるかという問題をめぐるひとつの研究団体として出発しようとしたのです。

神智学協会の規約にうたわれている三大課題は、そのことをうたっています。ここで紹介しておきますと、信仰、人種、出生（社会的身分）並びに男女の区別なしの普遍的な結社の創設というのが、その第一です。この最初の課題の場合には、そのために会員のひとりひとりは、自らの道徳を養うと同時に、霊的な能力を発達させ、可能なかぎり隣人に対して精神的物質的な援助を行なうこと、行なうように努めるというのが、ただし書きとしてつけ加えられています。このように、普遍的な結社であるというのが第一の課題です。第二は東洋の言語、学問、知識の普及に協力する、ということです。これは特別の意味があって、今でさえもヨーロッパ人とかアメリカ人には、意識的にしろ無意識的にしろ、一種独特の白人優位というコンプレックスがあるわけです。その点、一八七〇年代のヨーロッパの状況を考えますと、白人たちの白人コンプレックスは現在よりもはるかに強かったわけですから、そういう中でアメリカでこの運動を興す場合に、その白人意識のアンチテーゼとして、東洋の学問、知識の普及に協力するというのは、極めて特別の意味が含まれていたわけです。

それから第三は、自然と人間との内部にいまだにかくされ続けている霊的法則を探究するということです。人間の場合には、オカルト的な能力もはいるわけだし、自然の場合には、アポロン的な秘儀ということですでに述べましたように、自然界における霊的なもろもろの営みを研究するということ、それを三大課題のひとつとして求めたのです。そしてオルコットとブラヴァツキーとの話し合いのもとに、その三つのすべてを一貫するモットーとして、「いかなる宗教も真実より高くはない」という見事な言葉をかかげたのです。そして本部のあったアメリカの、初代アメリカ支部長にはW・Q・ジャッジという人が選ばれます。一八七三年から七五年にかけてのころです。ブラヴァツキーはそのころ組織運動のためにたいへんな時間と労力を費やしたと思われるのですが、ちょうどこの時期に、彼女は最初の著作として、彼女の霊学のいちばん基本になる重要な書物を書いています。それが『ヴェールをとったイシス』という二巻本です。

新しい精神運動の展開

この著作が出版されたのは一八七七年です。前にも触れましたように、千四百冊の書物からの二千百の引用が含まれているこの本を、この忙しい三年足らずの間に、どうやって書いたのか、非常に不思議です。

当時はタイプライターがあるわけでもなく、全部ノートに書いていったわけですし、しかも現在それを読んでみますと、ともかく徹頭徹尾考えぬかれて書いてあるのです。非常に論理的に、しかも東西の神秘学にかかわる問題だけではなくて、哲学、宗教、自然科学、地理、神話学、民族学等々の諸分野に及ぶ膨大な問題を関連づけて書いているのですが、ちょっと信じられないような文章です。

しかも、あまり得意でない英語で書かれています。実際オルコットも、そばで書いているところを見ていて、どう考えても奇蹟《きせき》としか思えないと言っています。ブラヴァツキー自身は、奇蹟でもなんでもなくて、自分の背後に、彼女がマハトマと呼んでいた霊的な指導者が自分を助けてくれている、そして夜寝ているときの夢の中とか、昼間でも、いろいろなかたちでインスピレーションを与えてくれるから、自分は往々にしてそれをただ書き写すだけですむのだ、と言っています。

それが出版された一九世紀の七七年から七八年にかけては、ヨーロッパの精神史にとっても決定的な時期であったといえます。たとえばニーチェの文筆活動はだいたいブラヴァツキーのそれと並行しています。ニーチェの初期の四部作である『反時代的考察』から、反霊学的立場に変化した『人間的な、あまりに人間的な』にいたる時期が、『ヴェールをとったイシス』の時期に当たります。そしてニーチェが晩年、ちょうど『ツァラトゥーストラ』を書き、そして善悪の彼岸の立場に立った時期、一八八八年から八九年にかけての時期に、ブラヴァツキーはもうひとつの主著である『シークレット・ドクトリン』を発表しているのです。そこには明らかに同じ時代精神が働いており、両方とも同じ問題意識をまったく異なる仕方で提出していたと言えます。

さて、『ヴェールをとったイシス』を書いてまもなく、一八七八年六月二十七日に、彼女はイギリス神智学協会を作り、そして同年十二月十八日に、オルコットと連れだってインドに渡ります。それ以後、自分たちの活動の中心をインドにおこうとするのです。

このことは非常に重要だと思うのです。このことによってはじめて、ヨーロッパの近代精神とインドの古い宗教伝統とが、本当の意味で結びつきをもつようになったと言えるのですから。

それまでのヨーロッパのさまざまの思想は、キリスト教でさえも、インドに伝えられたときには、なんといっても植民地運動と結びついていました。けれどもこの時期になってはじめて、ヨーロッパの中から出てきた運動ではありますけれども、自分の三大課題のひとつに東洋思想を研究することをはっきりと打ち出しながら、インドの土地に本拠をおくような、ひとつの精神運動が展開されようとしたことは、まったく新しい出来事だったわけです。

それは一八七八年の出来事です。それからのブラヴァツキーは本当に眼をみはるような活動をしています。あらゆる種類のイギリス、アメリカ、フランス、ドイツ、それからもちろんインドの新聞、雑誌に、無数のエッセイをのせたり、あらゆる土地に出かけていって講演をしたり、オルコットと相談して、インドの近代精神運動を代表するアーリアサマージ運動（これはロマン・ロランのインドについての論文を読むと出てきますけれども、ラマークリシュナとかヴィヴェカナンダなどの流れに並行した運動です）と結びついて、アーリアサマージ運動の指導者で、インドのルターといわれたスワミ・ダイアナンダと結びついたり、それから一方では、ヨーロッパのオカルティズムと結びつく必要を感じていたものですから、フリーメイソンのロッジに加わったりしています。つまりヒンズー教の思想の系譜と、それからヨーロッパのオカルティズムの本流であるフリーメイソンとを結びつけることを、この時点で試みているのです。

こういうオルコットとブラヴァツキーという一組の思想家たちのやっていたことを現代の視点から見ると、本当に一九世紀末の、あらゆる意味での社会的、精神的な状況を世界的な規模で的確に判断していることにあらためて、驚かざるをえません。しかしそういう活動を展開しますと、当然のことですけれども、今までの既成の側からのありとあらゆる妨害が始まるわけです。

批判と妨害

いろいろなかたちの妨害がありましたが、その中でいちばん決定的だったのは、第一にインドにおけるカトリックとプロテスタント両教会からの妨害でした。それには理由があって、ちょうどインドの布教が順調に軌道に乗りつつあった時点で、同じインドに突然爆発的に、神智学運動が展開されたのですから、教会側も自分のいちばん大事な領域がおびやかされる、と感じたのです。そこでまずキリスト教の教会から、神智学に対するいろいろな批判がはじまります。

それから第二の決定的な批判が心霊学協会からも出てきました。心霊学協会から言いますと、三十代までのブラヴァツキーは、ヨーロッパ最高の霊媒でした。若いころ、アメリカから帰った彼女は大変な霊媒能力を発揮しましたから、心霊学者はブラヴァツキーを霊媒として大事にして、いろいろな実験を試みました。サンクト・ペテルブルク、パリ、ロンドンで、彼女を使った心霊実験が盛んになされました。しかし後になって、ブラヴァツキーは、心霊実験が人間の肉体と魂の健康に非常なマイナスになると言いだしたのです。なぜかというと、心霊実験の方法論は自然科学の方法論と変わりありません。ですから、その方法論そのものの中には道徳的契機が欠けています。そして実験の対象になっている霊媒は催眠術にかかったように、トランスの状態におかれます。

ところがブラヴァツキーのような霊能者から見ると、トランス状態におかれた人間というのはその人間本来の意識の主体である自我が全然作用できない状態におかれている、ということがわかるのです。自我がもしその人間の魂の活動と結びつけば、再び眼がさめるわけですし、自我と魂の活動とが切り離されて、無意識の中でその人間の魂の働きが全部解放されると、トランス状態になるのです。この状態は考えられるかぎりもっとも精神の受動的な状態だ、とブラヴァツキーは言うのです。そのような受動的状態におかれた人間には、ありとあらゆる否定の霊、悪の霊、死者の霊、いわゆる動物霊等々の霊が憑依《ひょうい》してきますが、その人間の人格はそれに対する抵抗力を全然もてない状態におかれています。そのような状態はどんな場合にも、人間としてあるべき状態ではないので、彼女は心霊実験を頭から否定しました。ですから当然彼女に対して、心霊学協会の方からも批判が出されたわけです。

この第一と第二の妨害とが結びついたかたちで、スキャンダルが生じ、それがたいへんな事件にまで展開していきます。それは一八八一年から八二年の冬にかけて、神智学協会の本部をニューヨークからマドラス郊外のアジャールにうつしてから間もなく生じます。アジャールでブラヴァツキーは会員たちのためにマハトマ、つまり大師のことを語ります。大師とは、いろんな言い方ができると思いますが、マスターとかグルーとかマハトマといっている彼女の背後霊であり、神智学協会そのものの霊的なインスピレーションの源泉でもあった霊界の存在です。

ところでブラヴァツキーという人物は、たとえばルドルフ・シュタイナーとはまったく違って、非常に天衣無縫というのか、冒険好きというのか、ある意味では礼儀正しさや市民的な道徳的規範からはずれているところがあります。平気ででたらめなことをやってきたわけですけれども、この時点でも彼女は、いろいろな手品みたいなトリックを使ったりして、人をびっくりさせたりすることも平気でやっていたらしいのです。

たとえばマスターズ・レターということを彼女は言いだしまして、自分の背後にいる指導霊たちは、いろいろな思いがけないことをやってみせることができるのだ、ということで、たとえばみんなが集まって話をしている講演会の席上で、突然天井から手紙が落ちてきたり、それをあけてみると、マハトマからの手紙だったりしたのです。

それから個人的にブラヴァツキーと大事な話をし合っているときに、突然、ちょっと訪ねてきた人が横を向いたすきに、そのテーブルの上に手紙がおいてあって、開いて見るとその人物宛の手紙で、自分が今たずねようとしていた問題に対する解答が、すでにそこに書かれていたとか、そういうふしぎな手紙を彼女が書いたのです。おそらくはびっくりさせようという意図があって、彼女がひそかにそういうことをやってみせたのではないかと思うのです。ある時などは国際列車の中で、誰か神智学協会のメンバーが旅をしていると——ヨーロッパの汽車というのは、ボックス式で、そのひとつひとつが六人坐《すわ》れる席になっており、片側の通路からボックスにはいるところはドアで仕切られているのですけれども——、誰もいないはずのボックスの中から突然手紙がわいてくるとか、そういうことをやってみせたのです。

一八八四年のこと、そのブラヴァツキーがたまたまロンドンに出かけたときに、ブラヴァツキーのうちの手伝いをしていた使用人夫婦が、キリスト教の教会に出かけて行きまして、ブラヴァツキーはとんでもないサギ師で、実は自分がよく知っているのだけれども、神智学協会のホールの裏側にある彼女のプライベートな部屋の洋服ダンスの中とそのホールとを隔てている壁には穴があいていて、そこから適当にいろいろな手紙や何かを出したりひっこめたりして、会員を驚かしているんだ、というような話をもっていったのです。

そこで教会側は、さっき言ったように、神智学協会を非常に煙ったく思っていたわけですから、この話を教会の雑誌に大々的にのせまして、ブラヴァツキーがいかにサギ師であり、したがって人格的にもいかに信用のおけぬ人物であるか、ということをいろいろと書きたてたわけです。

心霊学協会の調査・報告

一方当のブラヴァツキーはロンドンに行っていたので、その騒ぎに直接かかわることができないわけで、ますます大問題になってしまいます。世界中の新聞にこの問題が大きく扱われます。当時ブラヴァツキーはロンドンでオカルト主義の集会に出たり、フリーメイソンと関係をもったり、ケンブリッジやオクスフォードのプロフェッサーたちとディスカッションしたりなどする一方、たいへんな影響力のある人物として、イギリスの代表的な政治家や文化人、宗教家にむかえられて、いろいろな意味で、これからヨーロッパで自分の思想を広めていこうとする矢先でした。

それで次に何が起こったかというと、前にふれた心霊学協会（Society for Psychical Research）が事件の真相を調査することになります。ところが心霊学協会は、神智学協会といわば対立関係にあったものですから、人によっては、非常に良心的に調べたと主張していますし、逆に初めから神智学協会をつぶすために、インドに乗り込んでいったのだという話もあり、いまだにこの部分の真相はわかっていませんが、ともかくブラヴァツキーのやっていたことは全部にせものだったという結論を心霊学協会の調査グループは出します。そしてそれ以後、神智学協会は完全に一般の社会からほうむり去られることになります。

それまで、つまり一八八四年の時点までは、神智学協会に属しているということは、市民社会において決してマイナスの意味をもたなかったのですけれども、心霊学協会の報告以後、神智学協会に加わるということは、いわば非常にいかがわしいグループに属することであるかのような印象が一般化してきます。ですからヘルマン・ヘッセとかロマン・ロランとかマハトマ・ガンジーとか、そういう人たちはいろいろと神智学協会にかかわりをもった人々ですけれども、その人々の書いているものを読むとわかりますように、自分は違うのだということをにおわせるような文章をかならずどこかに書いています。

それからずっと今日にいたるまで、そういう状況は変わっていません。そこで、今日の私たちなら、今言いました決定的なスキャンダルについてどう考えることができるかという問題ですが、資料がないからわからないにしても、そのような問題を考えるときに大切なのは、ブラヴァツキー自身が書いている文章や彼女の講演その他残されている資料をあらためて学問の問題として考える姿勢です。いったいブラヴァツキーの思想がヨーロッパ精神史の中でどのような位置をしめるのか、新しい問題として彼女が何をそこに提出しようとしているのか、従来無視されていた事柄に対して彼女がどのような新しい光を投げかけているか、等々の問題を考えることが唯一の可能な、そして意味のある態度です。それ以外に方法はありません。

いわば非常に低次元の、ブラヴァツキーが手品を使ったのか、それとも本当の心霊現象が起こったのかという問題については、真相は謎に包まれています。けれどもそれに関して、ブラヴァツキー自身がどういう態度をとったかということについては、さいわい日本語で資料があるのです。

それは、明治四十三年刊行というずいぶん古い本なのですけれども、博文館から出ているブラヴァツキー著、E・S・ステブンスン、宇高兵作《うたかひょうさく》共訳の『霊智学解説』の中に見出せます。

日本の近代思想とブラヴァツキー

ここで、明治以降の日本近代思想に神智学がどのような影響を与えてきたかについて話をすることは、この問題そのものは非常に重要であり、興味もありますが、別の問題になってしまいますので省略します。しかし、ブラヴァツキーの同志だったオルコットは、すでに明治の一〇年代に日本に来ています。仏教徒に招待されて来日し、東京と京都と山口県で講演をしています。その講演内容も日本語に翻訳されております。そして明治四〇年代になると、ブラヴァツキー自身の本も翻訳されるようになるのです。大正文化の中にも神智学の思想はかなり影響していまして、大本教以来の教派神道の中にも決定的にこの思想がはいっています。明治から大正にかけて、神秘学は日本の学問の世界にもいろいろなかたちで影響しつつあったようですが、マルクス主義に代表される近代合理主義が昭和初期のほとんど唯一の権威のある立場に立った時点で、こういう精神の深淵《しんえん》に深く沈潜していくような思想はふたたび全然問題にされなくなって、ずっと戦後にまでいたっているようです。

さてその『霊智学解説』を読んでみますと、非常に興味深いものがあります。一番大事な、理論的な部分には、残念ながらこれを読んでもよく意味がとれない部分があるのですが、全体には非常によく訳されており、文章にも明治期の香りがただよっています。そしてその後半の三三〇頁あたりから、今述べた問題が、かなり具体的に論じられているのです。ここでその一部分を紹介しておこうと思います。

問「如何《いか》なる理由があって「心霊研究会」（先ほど述べた The Society for Psychical Research のことです——引用者注）が、あなた方に敵対するようになったのですか。この心霊研究会も霊智学会も、両方ともある点に於《お》いては同じ方面の研究をしておって、心霊研究会員の中に、もとは霊智学協会の会員であった者もいたわけでしょう」

答「最初に我々は心霊研究会の首導者たちと非常に親密な関係を持っていました。けれども The Christian College Magazine という雑誌に霊智学会長の行なった現象に対する攻撃がその下男の嘘偽的証言に基づいてあらわれました。その時にこの「心霊研究会」は、霊智学会に関して、起こった多くの事実を自分の雑誌に掲げていたので（というのは、この時点まで「心霊研究会」の雑誌に神智学協会の下での心霊現象についての記事が好意的にずっとのっていたわけです――引用者注）、自分たちが危険を招いたということを悟ったのです。彼らは高尚《こうしょう》ぶって、まったく科学者の風を装おうとしたのです。それゆえに彼らは霊智学会を圧倒してまでも、自分の位置を保つか、あるいは大学者連の思うように「軽信」の霊智学者や亡魂論者と同様にみなされるか、いずれかの運命にたちいたったのであります。これを逃れる道がなくて、二つに一つを選ばなければならなかったのです。それゆえ彼らは我々を圧倒するようになりました。それは彼らが余儀なくされたのです」

この一節の中には、実証的に心霊現象を解明しようとする立場と、霊界の中にすでに生きているので、自然科学的にそれを実証することに対してあまりむきになれないブラヴァツキーのような人物との間の大きな隔り、基本的な態度における大きな隔りが、はっきりあらわれています。

問「しかし霊智学会が十四年間、存続している間（この書は一八八二年に創刊されました――引用者注）にその会員や会の事業の真相をあらわすに充分な時間と機会があったのではありませんか」

答「どうして、またいつ、我々にそのような機会がありましたか。我々の会のもっとも主だった会員は、公然と自分の正義を主張することを非常に嫌っております。彼らの主義は常に「実践躬行《きゆうこう》が必要である」あるいはまた「新聞や世人の批評はなにも意図するに足りない」ということです。また我々の会はあまりに貧乏だったので、世間へ講演者を出すことが今までできなかったのです。それゆえ我々の意見や教えを発表することは霊智学に関する数冊の書物にとどめておいたのです。……」

という箇所も出てきます。これはなんでもないように書いてありますが、実は「霊智学」とここに訳されている神智学協会の基本はどんな場合にも自分の立場を社会的に主張しないということなのです。これが鉄則になっています。ですから仮に社会的な仕方で、新聞その他で、あるいは裁判に訴えて、悪意ある批判がなされたときに、公然とそのような場所でそれに対する反論を載せないというのは、本来神智学の原則になっているのです。なぜそうなるかというと、最初に述べましたように、それをやってしまえば、批判の精神に立ちかえることになり、相手と、したがって従来の他の立場と同じことになるからです。それは自分たちの立場を特定の立場に固定もしくは限定することになり、最初に述べた原則に反することになってしまいます。それをしないということに、いわば彼らの主張の根拠があるわけです。だからこそ自分たちの正当性を主張しなかったのだ、ということがここに書いてあることの真意です。

オカルティストとしてのブラヴァツキー

本書の中でブラヴァツキーは、更に自分たちに対してどのような非難が加えられてきたかについても述べています。たとえば彼女がロシアのスパイであるとか、神智学は仏教を基本にしているが、仏教は東洋の思想であり、東洋の思想は全部男根崇拝であるから、したがって神智学もまた男根崇拝の立場だとか、ブラヴァツキーに関してそういうことを話しだすときりがないですから、最後に思想的な面について若干紹介しておこうと思います。特にオカルティストとしてのブラヴァツキーの基本的立場、彼女が首尾一貫して文章にも書いているし、彼女自身の一生もそれによって貫かれていた基本は、次のようなことなのです。

これは彼女の文章を集めた〝Collected Writings〟の第十巻に出ています。典型的なブラヴァツキー的な思考方法として、ご紹介しておきます。——

「我々の表象能力（ものを考えたり、イメージを作ったりする表象能力です——引用者注）は人によって異なっている。その相違を考えるためには、二つの区別を立てる必要がある。一つは物質的思考能力であり、もう一つは形《けい》而上《じじょう》的思考能力である。思考もしくは悟性の高級部分は、霊的な魂と結びついており、下級部分は、動物的魂と結びついている」、そう述べまして、彼女は思考の能力全体を上の図のように分類します。

高位の二分節

Âtma
Buddhi 〉霊（内なる神）

中間の二分節

mânas （思考原理）
Kâma （情動、欲望） 〉魂

下位の三分節

Pnâma （アストラル体）
Linga-sarira （エーテル体）
Sthûla-sarira （肉体） 〉体

この中でブラヴァツキーは、霊の部分、高位の二分節の思考能力を行使できる人は、依然として少数派だと言っています。アートマあるいはアートマン、ブディ、この二つの部分を自分の思考能力として使うことができるためにこそ、神智学の学問的な努力がある、というのです。

そしてそのような思考能力を使うことができるようになってくると、その能力は自分の周囲の霊的な、あるいは魂的な世界のエネルギーを受け、ちょうど物質界の中にレンズが光を受けて映像を生み出すように、周囲の霊界（ブラヴァツキーの言葉を用いればアストラル界）の中に、自分の内的創造物である思考形態を明確に生み出すことができるようになる。そしてこのことをよく考えるならば、我々の日常の思考、考える行為そのものが、霊界というひとつの客観的世界の中での社会的な行為に他ならないことが理解できるようになる、と言うのです。

ものを考えるのは自由だという、ごく一般的な立場から言えば、何を考えても、ひとりでこっそり考えている場合には、他の人に何の害も益も及ぼさないだろう、ということになるわけですし、またたとえば山にこもったり、修道院で暮らしたりして、市民社会の生活環境から孤立していることは社会的ではない、ということになるかもしれませんけれども、思考の本質を考えていくと、考える行為そのものがすでに外向きに力を行使しており、その意味ですでに社会的な、あるいは客観的な創造行為になってくる、とブラヴァツキーは言うのです。

それからもうひとつ、このように明確に形作られた思考形態が存在する場合には、その思考によっていろいろな作用を他の人間に及ぼすことができます。いわゆる「念」を送る、というような仕方でです。したがって、「オカルティスト」にとっての第一の最も重要な歩みは、どのようにして自分の思考形態と自分の道徳生活とを一致させるかという点にある。もし自分の思考行為に対して自分で責任がもてない場合には、けっしてオカルティズムに近づくことも、ふれることもすべきではない。だからそもそもオカルト的な行を始める前に、徹底的にオカルティズムの哲学を根本的に学習することが、必要になってくる。そうでない場合には、思考形態を通して、その人は黒魔術におちこむ。このことは運命と同じくらい確実なことである」、と言っています。

ブラヴァツキーの立場から言うと、まず自分が自分で生み出す思考行為に対して責任を持つことが、オカルティストの最初の義務となるのです。そのために、徹底的にオカルティズムの哲学を学習することが、行をはじめる行為より先行しなければならない、と強調されているのです。

夢の問題

それからもう一つ、ブラヴァツキーの問題で興味があるのは、夢の問題です。夢のことは、前にも少しとりあげたことがありましたから、ブラヴァツキーの立場から、夢をどう考えるかについて、最後に紹介しておこうと思います。

ブラヴァツキーは夢を育てることを決定的に重要だと考えています。自分の中の夢見る力を強めることは見霊能力を発達させることになる、と言うのです。そこで、問いと答えという形式で、よく彼女はエッセイを書いていますが、「夢についての書物によく出てくるような、夢判断の方法というのは、実際に存在するのでしょうか」という問いを出して、それに彼女は次のように答えています。

「夢判断に関しては、見霊者がその見霊能力を行使するか、あるいは霊的直観を使うかする以外に、どのような客観的な方法も存在しません。なぜならどんな場合にも夢を見ている当人は、それぞれ異なった個性の持ち主だからです。物質界の事柄を解釈するにも、七つの方法があると言います。まして霊的な世界に対する解釈のためには、どれほど多くの鍵《かぎ》が必要かわかりません」

そして、「それでは、夢を分類することは不可能でしょうか」という問いに対しては、「分類することはまったく可能です。夢は大ざっぱにいって七つに分類できます」、と答えています。この七つの分類は非常に興味があります。まず第一に、「予見夢」。それは眠っているときの我々の記憶に自分の霊我（ここで言うアートマンとブディ）が刻印をおしたときの夢で、通常それは非常に単純明快なかたちをとる。たとえば声が聞こえてくるとか、あるいは特定の情景、あるいは画面を見るような、そういうかたちでこの夢はあらわれる、というのです。第二の夢は象徴的な夢、「象徴夢」です。これは霊界の客観的な姿は主観的な想像力によって常に歪められていますから、その歪められた部分をまたもとのかたちにもどして解釈する必要がある夢だ、と言っています。第三の夢は「伝達夢」、つまりマハトマやマハトマ以外にも霊的な力を持った人が、よきにつけあしきにつけ、自分の意志を夢見る人に伝達するために送る思念のあらわれだ、と言うのです。たとえば非常に自分に対して好意を持っている人が、自分の身を案じてくれているような場合、あるいは霊的にすぐれた存在が、なんらかの必要から想念をテレパシーのように送る場合の夢です。「テレパシー的な夢」と言ってもいいわけです。第四は過去、もしくは前世の記憶がよみがえってくるときの夢。第五の夢は第三の夢とは逆に、他人のための「警告夢」です。たとえば自分の友人とか、親や子どもが危険な状態に陥りそうだという警告を夢に見る場合です。

第六の夢は「代償夢」、つまり混乱した願望が代償作用として出てくる夢です。たとえば非常に不幸な人が幸せそうな情景を夢に見るとか、逆にあまりに幸せな境遇にいる人が、非常に困ったときの自分を夢に見るとかいうように、願望が逆になって出てくる場合です。第七の夢は食べすぎて消化不良を起こしたり、その他肉体的な原因で生じてくる夢です。

こういう七つの分類をブラヴァツキーはしていまして、自分が見た夢が大雑把にいって、この分類のどれにはいるかを、それぞれが学ぶべきである。当人が自分で判断する以外は、解釈できない。できるとすれば見霊的能力のある人が判断する場合に限られる、と言っています。このようなブラヴァツキーの夢解釈は、フロイトの『夢判断』の少し以前に発表されました。明らかに両者の解釈には共通点があり、フロイトは神智学の雑誌「スフィンクス」を読んでおりましたから、「フロイトの夢解釈に与えたブラヴァツキーの影響」を考えることができると思いますが、この問題は従来あまり取り上げられませんでした。

ブラヴァツキー——その実像を求めて

ブラヴァツキーはあまりに誤解されていて、いろいろな虚像と実像がかさなり合い、解釈するのが非常にむずかしいのですが、『ヴェールをとったイシス』（アイシス・アンヴェールド）と『シークレット・ドクトリン』の二大主著がありがたいことに邦訳で刊行されています。

ただし『シークレット・ドクトリン』には第三部があります。この第三部は、一部、二部で書かれていない、特に「エソテリック」な部分を、あとになって弟子がまとめた巻です。

シュタイナーに言わせますと、『ヴェールをとったイシス』に出てくる内容は、フリーメイソンその他が公開しなかった内容を含んでいるにしても、それまでのヨーロッパの秘教伝統の中に含まれていた部分について書かれている、しかし『シークレット・ドクトリン』になると、まったく前代未聞の内容が公開されており、ヨーロッパのオカルト的な状況は、『シークレット・ドクトリン』の出版以来変わった、というのです。

ブラヴァツキーは、わざわざ本当のこととでたらめなこととをごちゃまぜにして書いています。それもブラヴァツキーの特徴のひとつですけれども、きれいに整理して書いてあれば、その人はその本を百パーセント信頼して、その本を読めばいいわけです。けれども、でたらめな部分と本当の部分とが玉石混交というかたちで出ていますと、その中から本当の部分を読みとるためには、自分でこれはほんものだということを自分の責任の下に読みとらなければいけないわけです。そういうことをわざわざしてみせたのです。ですから他の人にこれがほんものだ、というふうにまとめて出してもらったのを読んだのでは、ブラヴァツキーの本当に言いたいことがわからないのです。それから、思いがけないところに、すごいことが書いてあります。これも直接読んでみると、自分で納得いくと思うのですが、昨年読んだときと今年読んだときでは、全然ちがって読めるように、読者のそのときどきの精神的なあり方に応じて、内容が変わってくるように、独特な文体で書いてあるのです。

ブラヴァツキーは自分の書いたものが本当に評価されるためには、百年かかるだろうと言っていましたが、現在われわれはすでに百年以上も後の世界に生きています。今の時点でどういうふうに新しく読めるか、それぞれがためしてみるのもおもしろいと思います。依然としてまったく評価が定まっていないのですから。私たちのひとりひとりが読みとった内容が、おそらく一番新しいブラヴァツキー論になりうるわけです。もちろん神智学協会の内部には、ブラヴァツキーについて書かれている優れた文献があります。日本にも目立たぬながら、明治以降神智学の流れがあり、大本教と関係の深かった英文学者浅野和三郎《あさのわさぶろう》をはじめ、仏教者の鈴木大拙《すずきだいせつ》、今東光《こんとうこう》、作家の川端《かわばた》康成《やすなり》にもその影響が見られます。また神智学については三浦関造《みうらせきぞう》の「竜王会」の諸文献があり、この会を主宰しておられた田中恵美子《たなかえみこ》氏が機関誌「至上我の光」に連載されていた「近代オカルティズムとブラヴァツキー夫人」は日本語で読めるもっとも詳しい伝記になっています。

あとがき

予感や憧《あこが》れは、われわれの魂が体験できるもっとも神聖な感情に属する。われわれの周囲にも、現存の世界との違和感に苦しみ、人間存在の真の姿への予感とうながしとを感じている人は多い。けれども感情は、そのような高次の感情であればある程、一度消えてしまえばその痕跡《こんせき》さえあとかたもなく失われてしまい、ふたたびそこへ達する道は永遠に閉ざされているかのように思われる。一体予感や憧れの根源を認識の問題として追求する道はないのか。私にとって神秘学は、こうした問題意識のためのかけがえのない学問となっている。

本書で私が表現しようと努めた内容は、個人の人格よりも法人格の方がはるかに尊重されるまでに、極端に外面化された現代社会の中では、まったく役に立たないような、どうでもよい事柄ばかりである。知識として持っていても、どんな試験にも役立たないであろうし、人と話し合うときの話題としてもまったく不適当である。けれどもこの内容の中に、人生のもっとも根本的な、今述べた認識の要求に応《こた》えうる事柄がこめられていることを私は確信している。

いわゆるオカルト的な生活はどんな場合でも、常に徹頭徹尾内的なプロセスをとらざるをえない。そしてその結果として、すべての成果は、各人が自分でそれを引き受けなければならない。たとえどんな廻《まわ》り道をしようとも、他人はそれについて何も言うことはできないし、何か言ったとしても、それは何の意味ももたない。オカルト的な生活のあらゆる喜びと苦しみ、祝福と苦悩、光明と暗黒、それらはまったく個的に、内的に体験される。このことは、オカルト的な認識の生命ともいうべき「行」の問題を考えるときに、特に重要となる。

本書ではかなり思い切って行の問題を正面から取り上げたが、行の実践におけるもっとも重要な観点は、完全な目標を設定することとそれへの努力である。しかし努力の成果については何も問う必要はない。目標が完全に達成されうるかどうかはまったくどうでもよい。むしろ完全に達成されることはありえない、と考えるべきであろう。しかし、目標に向かって努力することだけなら、誰にでもできるであろう。そしてこのひそかな努力だけが、行の問題としては決定的なのである。もし自分の行を誇らしげに他人に話したり、他人の「超能力」についてあれこれ忖度《そんたく》したりするとしたら、もっぱら内的であるべきその行為はふたたび外面的なものになり、物質主義的な文明社会に適応したものになり、外的に優劣を判定する試験や競技大会の発想と同じものになってしまう。

しかし他方、本書で私が述べたかったことは、それにもかかわらず、神秘学が極めて社会的な性格をもっている、ということでもある。ルドルフ・シュタイナーはこの点について、ほぼ次のようなことを語っている。――もしわれわれが夢をみているとすれば、その夢はどんなに美しい夢であっても、もっぱらひとりだけの、他人が共有することのできぬ孤独な体験であるにすぎない。われわれが日常生活をいとなむことで、夢から目覚めるように、他人のもとでより深い目覚めを体験しなければならない。他人のもとでのこの第二の目覚めを体験できるか否かが、真のオカルト的な道を歩んでいるか否かの試金石になる、と。

もっぱら内的であるオカルト的な行が現代における自由の問題と無関係ではないように、他人のもとでの目覚めは愛の神秘学的な表現である、ということもできるであろう。

本書は一九七八年の上半期に東京の朝日カルチャー・センターで行った講義内容の一部分に加筆して作成された。当時聴講してくれた人たちとの出会いの熱気の中で、このような内容が生み出された。それは私が机に向かって執筆するときとはまったく別の、もっと具体的でわかりやすい表現になっていると思われたので、講義のときのです・ます調をそのまま生かすことにした。

なお本書で取り上げられている内容に更に興味を持たれる方は、シュタイナーの二大著書『神智学』と『いかにして超感覚的世界の認識を獲得するか』（共にイザラ書房版）を読まれるようにおすすめしたい。

それから本書で取り上げた十二の感覚並びに七つの生命活動について、私はシュタイナーの著書『魂の謎について』と『人智学』（未完）、および彼の連続講義『人智学、心智学、霊智学』（一九〇九―一九一一年）と『人間の謎』（一九一六年）から、十二の世界観については連続講義『人間的宇宙的なる思想』（一九一四年）から多くを学ぶことができた。

最後に、本書を出版するに当たって、そのきっかけを作ってくれた角川書店の丸正樹氏、直接編集を担当されて、細かい適切な配慮をおしまれなかった中西千明氏、当時の講義ノートを貸してくださった間仲洋子氏、並びに美しい挿図を作ってくれた小原信博氏に心から感謝したい。

一九八〇年一月二四日　鎌倉にて

高橋　巖

解説

若松《わかまつ》　英輔《えいすけ》

本書の初版は、一九八〇年に角川選書の一冊として刊行され、長く版を重ねてきた。「神秘学」という言葉をこの本によって知った、という人も少なくないのではないかと思われる。文庫化されるにあたって第五章の「ユングと神秘学」が増補された。だが、単に増補というのは当たらないのかもしれない。初版の発刊当時から、この章を含めたかたちでの刊行が予定されていたが、紙幅の関係でそれがないまま世に送り出されることになったと聞いた。私たちは、この現代の古典と呼ぶにふさわしい一冊を、四〇余年の歳月を経て、完全なかたちで読むことができるようになったわけである。「ユングと神秘学」の章で著者は「根拠のない不快感」という問題にふれる。

小さな子どもはよく根拠のない不快感に陥ります。小学生の中に根拠のない頭痛を訴えたり、下痢したりする子どもが多いのは、まだ意識が充分に解毒作用を行えないものですから、学校で先生に叱られたり、友だちとの関係がうまくなかったりすると、すぐに肉体的に影響してくるからですが、大人でも同じで、無意識にだれかの悪意をうけたり、無意識に自分にふさわしくない仕事を強制させられたりしますと、肉体に影響してくるわけです。（二四八頁）

この本が世に送り出されたとき、まだ、インターネットは存在しなかった。匿名で誰かを中傷することが日常化されてはいなかった。しかし、ここに述べられていることは私たちの今の問題である。この一文を読んだだけで、本書の現代的意味と普遍性を感得することができるだろう。

ユングは「根拠のない不快感」を見過ごさず、そこに心を超えた魂への道を発見しようとした。心理学psychologyはもともとpsyche（魂）の学問であるはずだった。しかし、それは近代的な意味で「学問化」されることによって、魂という存在は見過ごされるようになっていく。ユングはそこに強い警鐘を鳴らすのである。

著者は、ルドルフ・シュタイナーの訳者としても知られている。彼にとってシュタイナーの思想が日本語になったことの意味は大きい。人は、母語によって認識するとき、概念を超え、本質をつかむ。ドイツ語で語り、執筆したシュタイナーの言葉をどのような日本語にするか、その選択において働いているのは批評精神である。つまり、向き合う対象を良し悪しで「評価」するのではなく、その本質をとらえようとする試みだといってよい。

神秘学の目的も別所にあるのではない。それはこの世界の本質とは何か、あるいは人間とその人生、さらには人間を超える存在を概念ではなく、その生ける本質において認識しようとする試みにほかならない。

概念は重要である。概念がなければ私たちは語り合うこともできないだろう。しかし、互いが本質にふれていないとき、人は、分かり合う、ということもまた、ない。概念を支えているのは言葉である。神秘学とは、言葉のちからを借りながら、言葉の世界を超えていこうとする試みでもある。多くの場合、人は、言葉によって考える。しかし、神秘学は、言葉を超えた意味によって考える道があることを教える。

この本を最初に手にしたのは、高校生のときだった。当時は金銭的にも余裕がなく、古書店で買った。比較的安価だったように記憶している。版を重ねていたからだと思われるが、複数の店舗で見ていた。部屋に持ち帰り、本書にも記されている薔薇《ばら》十字の瞑想《メディテーション》の図（一八三頁）を見たときの何ともいえない心持ちを覚えている。

「薔薇十字のメディテーション」と聞くだけで、ある違和感を覚える人がいても驚かない。だが、そうした感覚に従う前に著者が翻訳し、引用しているシュタイナーの言葉を読んでみてほしい。この瞑想法をめぐってシュタイナーはその主著の一つ『神秘学概論』で次のように述べている。

私はここで赤いバラの花を心の中に観じ、そして次のように言う。「この赤いバラの花びらの中に、私は赤に変化した樹液の緑を見る。赤いバラは緑の葉のように、利己的な欲望を知らぬ純粋な成長法則に従っている。バラの赤は浄化された利己的な欲望と衝動の表現であるような血の象徴である、と考えることができるであろう。浄化された利己的な欲望や衝動と赤いバラの中に働いている力とは共通のものだ」。その際私はこのような思考内容が理論としてよりも、私の感情の中で生き生きとなるように努める。私は、成長する植物の純粋さと欲望のなさとを思惟するとき、浄福な感情をもつことができる。（一九六頁）

シュタイナーにとって瞑想とは、「利己的な欲望と衝動」を変容させることにほかならなかった。利己的な心情がどれほど大きな破壊力をもって世界を恐怖に陥れるかを私たちはさまざまな場面で経験している。「利己」と闘うために利他的にならなくてはならない、というような風潮もどこかにある。しかし、シュタイナーが、そして、著者が考えているのは、そうした短絡的な道行きではなかった。「利己」と真の意味で闘い得るのは神聖なるものだけだというのである。

薔薇十字の瞑想《メディテーション》を初めて知ったときの心情には「奇妙な」という言葉は当たらない。それはこれまでにない新鮮な、しかし未知なるものであるが、懐かしさを感じさせるものだった。その心情が神秘学への入口であることなど、当時は知る由もなかった。著者は、そうした心情にふれ、本書の「あとがき」で次のように述べている。「予感や憧《あこが》れは、われわれの魂が体験できるもっとも神聖な感情に属する」と書いた後、こう続けている。

われわれの周囲にも、現存の世界との違和感に苦しみ、人間存在の真の姿への予感とうながしとを感じている人は多い。けれども感情は、そのような高次の感情であればある程、一度消えてしまえばその痕跡《こんせき》さえあとかたもなく失われてしまい、ふたたびそこへ達する道は永遠に閉ざされているかのように思われる。一体予感や憧れの根源を認識の問題として追求する道はないのか。私にとって神秘学は、こうした問題意識のためのかけがえのない学問となっている。（三〇〇頁）

神聖なる感情は、私たちの日常に幾たびも訪れている。だが、そうした浄福なる瞬間の出来事は過ぎ去り、消え去るように感じられる。しかし、それは消えたのではなく、高次の世界へと私たちを導こうとしている。その道標になるべくして神秘学は生まれた、というのである。

現代人は善と悪の判断に心を奪われ、神聖なるものを感じることが難しくなってしまっている。善と悪しかない世界観では衝突が絶えることはない。誰かと戦おうとする者たちは、自らが善であることを疑わないからだ。

ある読者は、神秘学と宗教はどこが違うのかと問うかもしれない。神秘学という言葉は、一見すると狭き門のようにも感じられるかもしれないが、内実は違う。そこにはさまざまな宗教を生きる人々が集い得る。

具体的な例を挙げた方がよいだろう。著者は今も、シュタイナーのテクストを読み解くかたちで神秘学をめぐる講座を続けているが、そこにはさまざまな信仰を持つ人たちと特定の宗教を信仰しない人たちが机を並べている。神秘学は帰依の心情を重んじる。しかし、それを特定の方向に限定しない。本書で著者は帰依と神秘学の関係をめぐって次のように述べている。

魂がある目的を実現しようとして働く場合、その魂のあり方の中に、霊的な働きがあると考えます。同じように、性愛の意味の情動作用とは別に、人間が自分自身以上に他者を大切にし、その他者の中に自分が帰依しようとする働きを持つ場合、そこにも霊的な愛の働きがあると考えます。この意味で霊とは何かを考え

る学問、つまり「霊学」は、神秘学のもっとも重要な部分です。（五六―五七頁）

神秘学は、神的なものに「帰依」することよりも、他者に「帰依」する道を照らし出す。なぜなら、そこにこそ「愛」が生まれるからだ、というのである。そして愛がはたらくとき、私たちのなかで魂だけでなく、「霊」が目覚める、という。

神仏に帰依する、というのは分かる。だが、他者に帰依するという表現には私たちを知的理解に終わらせない何かがある。私たちはいつしか帰依するのは人間を超えた存在であると思い込むようになった。神秘学は、その前になすべきことがあるという。同質のことを語った人がいる。イエスである。彼は自分の死がまぢかに迫っているのを知りながら、弟子たちに向かってこう言った。

わたしがあなた方を愛したように、
あなた方が互いに愛し合うこと、
これがわたしの掟《おきて》である。
（『新約聖書』「ヨハネによる福音書」15章12節、フランシスコ会聖書研究所訳による）

イエスは、神を愛する前に、互いを愛せと促す。この道こそ神を愛することになることをイエスは熟知しているのである。

愛がはたらくとき、自らにも魂とは異なる霊が生きているのを感じる。「霊」とは万人に平等に分有されている神性の異名にほかならない。真に誰かを愛するとは、私たちとともにある「神的なるもの」が動き出すことなのである。

最後に本書の第一章で述べられている「ヨアキム主義」にふれておきたい。ヨアキムというのは人の名前で「十二世紀末にイタリアでシトー派の修道院長をしていたヨアキム・ディ・フィオレというキリスト教神秘主義者」に由来する。この人物は、父の時代、子の時代、そして聖霊の時代という三つの段階を経て、私たちの「霊」あるいは霊性が育《はぐく》まれていくと説いた。今、私たちは聖霊の時代に生きている。

聖霊の時代になると、かつての権威——教団や教典や儀式——が、絶対的な意味を持たなくなる。それが否定されるのではなく、もう一つの道が開けてくるという。著者は、その時代のありようをこう語っている。

祭壇や儀式も、個人の精神生活にとって以前よりも重要ではなくなります。重要なのは、ひとりひとりが自分の内部に眼に見えぬ祭壇を作ることです。ひとりひとりの人間に、一切の聖霊の働きが内在化しているとすれば、自分の内部を探究していくと、自分の内部から必要な行動の指針が必ず出てくるはずです。かつての時代は、誰か偉い先生に質問して、そしてその先生の言うとおりにやればまちがいなかったわけですけれども、第三の時代になりますと、誰かそういう権威者に頼って生きようとしても、それでは生きられないような状況に直面せざるをえなくなるときがきます。(四二頁)

「ひとりひとりが自分の内部に眼に見えぬ祭壇を作ること」「自分の内部から必要な行動の指針」が湧出する基盤を育むこと、ここに神秘学の重要な実践がある。神秘学において「知る」ことは「生きる」ことの前段階でしかない。むしろ、「知る」だけで終わることの危険を神秘学は問い続けてやまない。神秘学において「生きる」とは単に自己実現するに終わらない。それはこれまで見たように他者への愛に至らねばならないのである。

ヨアキム、あるいはヨアキム主義をめぐっては著者の『神秘学序説』に詳しい。この本こそ、本書をもっともよく補完する著作でもある。

(批評家)

本書は一九八〇年三月に角川選書より刊行された単行本を加筆修正のうえ、「ユングと神秘学」の章を増補し、文庫化したものです。

神秘学講義《しんぴがくこうぎ》

高橋《たかはし》 巌《いわお》

令和5年 3月25日 初版発行
令和6年 11月25日 再版発行

発行者●山下直久

発行●株式会社KADOKAWA
〒102-8177 東京都千代田区富士見2-13-3
電話 0570-002-301(ナビダイヤル)

角川文庫 23605

印刷所●株式会社KADOKAWA
製本所●株式会社KADOKAWA

表紙画●和田三造

●お問い合わせ
https://www.kadokawa.co.jp/（「お問い合わせ」へお進みください）
※内容によっては、お答えできない場合があります。
※サポートは日本国内のみとさせていただきます。
※Japanese text only

ISBN 978-4-04-400752-2 C0110

◆◆◇

角川文庫発刊に際して

角川源義

第二次世界大戦の敗北は、軍事力の敗北であった以上に、私たちの若い文化力の敗退であった。私たちの文化が戦争に対して如何に無力であり、単なるあだ花に過ぎなかったかを、私たちは身を以て体験し痛感した。西洋近代文化の摂取にとって、明治以後八十年の歳月は決して短かすぎたとは言えない。にもかかわらず、近代文化の伝統を確立し、自由な批判と柔軟な良識に富む文化層として自らを形成することに私たちは失敗して来た。そしてこれは、各層への文化の普及滲透を任務とする出版人の責任でもあった。

一九四五年以来、私たちは再び振出しに戻り、第一歩から踏み出すことを余儀なくされた。これは大きな不幸ではあるが、反面、これまでの混沌・未熟・歪曲の中にあった我が国の文化に秩序と確たる基礎を齎らすためには絶好の機会でもある。角川書店は、このような祖国の文化的危機にあたり、微力をも顧みず再建の礎石たるべき抱負と決意とをもって出発したが、ここに創立以来の念願を果すべく角川文庫を発刊する。これまで刊行されたあらゆる全集叢書文庫類の長所と短所とを検討し、古今東西の不朽の典籍を、良心的編集のもとに、廉価に、そして書架にふさわしい美本として、多くのひとびとに提供しようとする。しかし私たちは徒らに百科全書的な知識のジレッタントを作ることを目的とせず、あくまで祖国の文化に秩序と再建への道を示し、この文庫を角川書店の栄ある事業として、今後永久に継続発展せしめ、学芸と教養との殿堂として大成せんことを期したい。多くの読書子の愛情ある忠言と支持とによって、この希望と抱負とを完遂せしめられんことを願う。

一九四九年五月三日

角川ソフィア文庫ベストセラー

饗宴　恋について
プラトン
山本光雄＝訳

「愛」を主題とした対話編のうち、恋愛の本質と価値について論じた「饗宴」と、友愛の動機と本質について論じた「リュシス」の2編を収録。プラトニック・ラブの真意と古代ギリシャの恋愛観に触れる。

新版 精神分析入門（上）（下）
フロイト
安田徳太郎・安田一郎＝訳

無意識、自由連想法、エディプス・コンプレックス。精神医学や臨床心理学のみならず、社会学・教育学・文学・芸術ほか20世紀以降のあらゆる分野に根源的な変革をもたらした、フロイト理論の核心を知る名著。

方法序説
デカルト
小場瀬卓三＝訳

哲学史上もっとも有名な命題「我思う、ゆえに我あり」を導いた近代哲学の父・デカルト。人間に役立つ知識を得たいと願ったデカルトが、懐疑主義に到達する経緯を綴る、読み応え充分の思想的自叙伝。

幸福論
アラン
石川　湧＝訳

幸福とはただ待っていれば訪れるものではなく、自らの意志と行動によってのみ達成される――。哲学者アランが、幸福についてときに力強く、ときには瑞々しく、やさしい言葉で綴った九三のプロポ（哲学断章）。

自殺について
ショーペンハウエル
石井　立＝訳

誰もが逃れられない、死（自殺）について深く考察し、そこから生きることの意欲、善人と悪人との差異、人生についての本質へと迫る！　意思に翻弄される現代人へ、死という永遠の謎を解く鍵をもたらす名著。

角川ソフィア文庫ベストセラー

君主論
マキアヴェッリ
大岩　誠＝訳

ルネサンス期、当時分裂していたイタリアを強力な独立国とするために大胆な理論を提言。その政治思想は「マキアヴェリズム」の語を生み、今なお政治とは何かを答え、ビジネスにも応用可能な社会人必読の書。

幸福論
B・ラッセル
堀　秀彦＝訳

数学者の論理的思考と哲学者の機知を兼ね備えたラッセル。第一部では不幸の原因分析と、思考のコントロールの必要性を説き、第二部では関心を外に向けバランス感覚を養うことで幸福になる術を提案する。

幸福論
ヒルティ
秋山英夫＝訳

「人の精神は、ひとたびこの仕事に打ちこむというほんとうの勤勉を知れば、絶えず働いてやまないものである」。すべての働く人に響く言葉の数々。仕事に行き詰まったとき、人生の転機に立ったときに。

聖書物語
木崎さと子

キリスト教の正典「聖書」は、宗教書であり、良質の文学でもある。そのすべてを芥川賞作家が物語として再構成。天地創造、バベルの塔からイエスの生涯、そして黙示録まで、豊富な図版とともに読める一冊。

ギリシア神話物語
楠見千鶴子

西欧の文化や芸術を刺激し続けてきたギリシア神話。天地創造、神々の闘い、人間誕生、戦争と災害、英雄譚、そして恋の喜びや別離の哀しみ——。多彩な図版とともにその全貌を一冊で読み通せる決定版。

角川ソフィア文庫ベストセラー

改訂新版　共同幻想論　吉本隆明

原始的あるいは未開的な幻想から〈国家〉の起源となった共同の幻想までを十一の幻想領域として追及。自己幻想・対幻想・共同幻想の軸で解明し、新たな論理的枠組みを提言した「戦後思想の巨人」の代表作。

定本　言語にとって美とはなにか（Ⅰ、Ⅱ）　吉本隆明

記紀・万葉集をはじめ、鷗外・漱石・折口信夫・サルトルなどの小説作品、詩歌、戯曲、俗謡など膨大な作品を引用して詳細に解説。表現された言語を「指示表出」と「自己表出」の関連でとらえる独創的な言語論。

改訂新版　心的現象論序説　吉本隆明

心がひきおこすさまざまな現象に、適切な理解線をみつけだし、なんとかして統一的に、心の動きをつかまえたい――。言語から共同幻想、そして心的世界へ。著者の根本的思想性と力量とを具体的に示す代表作。

フランクル心理学入門
どんな時も人生には意味がある　諸富祥彦

『夜と霧』『それでも人生にイエスと言う』の著者フランクルの心理学のエッセンスを、カウンセラーでもある著者がわかりやすく説いた入門書。「生きるのがむなしくなった自分」を変える心理学を平易に読み解く。

ハンス・ヨナスの哲学　戸谷洋志

放射性廃棄物処理の課題を残す原子力発電所を作ってもよいのか、遺伝子操作と生命倫理、気候変動への責任ほか。現代的なテーマを「責任」という視点で検討し解いた哲学者の日本ではじめての入門書。